永远的情人杜拉斯

王筱莹 著

九州出版社 JIUZHOUPRESS 全国百佳图书出版单位

图书在版编目（CIP）数据

永远的情人杜拉斯 / 王筱莹著. -- 北京 ：九州出版社，
2014. 10
ISBN 978-7-5108-3154-6

Ⅰ．①永… Ⅱ．①王… Ⅲ．①杜拉斯，M.（1914～1996）
—传记 Ⅳ．①K835.655.6

中国版本图书馆CIP数据核字(2014)第177298号

永远的情人杜拉斯

作　　者	王筱莹　著	
出版发行	九州出版社	
出版人	黄宪华	
地　　址	北京市西城区阜外大街甲 35 号（100037）	
发行电话	(010)68992190/3/5/6	
网　　址	www.jiuzhoupress.com	
电子信箱	jiuzhou@jiuzhoupress.com	
印　　刷	北京毅峰迅捷印刷有限公司	
开　　本	880 毫米 ×1230 毫米　32 开	
印　　张	6.75	
字　　数	170 千字	
版　　次	2014 年 11 月第 1 版	
印　　次	2014 年 11 月第 1 次印刷	
书　　号	ISBN 978-7-5108-3154-6	
定　　价	29.80 元	

杜拉斯于 1984 年出版的《情人》在当年就荣获了龚古尔文学奖，并且被译成 40 多种文字，至今已售出 250 万册以上，使她成为当今世界上最负盛名的法语作家。

作家王小波生前曾对法国文学大师玛格丽特·杜拉斯推崇备至："现代小说的最高成就者是卡尔维诺、君特·格拉斯、莫迪亚诺，还有玛格丽特·杜拉斯。"文学界则认为，杜拉斯与日本的村上春树和中国的张爱玲同为"时尚标志"，她具有富于传奇色彩的经历、惊世骇俗的叛逆性格和与米兰·昆德拉一样响亮的名字。"是一个令当代法国骄傲的作家，和通往法国当代文化的一条重要通道"。

——《中国青年报》

杜拉斯生平

1914 年 4 月 4 日，玛格丽特·多纳迪厄（即杜拉斯）出生于越南南部的嘉定（今胡志明市），父母都是教师。1921 年，她的父亲去世。

1924 年，她母亲在波雷诺（今柬埔寨）买了一块不能耕种的土地，从此债台高筑。

1932 年，她回到法国读大学。

1939 年，她同罗贝尔·昂泰尔姆结婚。

1940 年—1942 年，她同菲利普·罗克合作，在伽利玛出版社出版《法兰西帝国》。而她自己创作的《塔纳朗一家》却遭到伽里玛出版社的拒绝。同年，她同迪奥尼斯·马斯科洛相识。

1943 年，她首次用玛格丽特·杜拉斯的笔名发表了《无耻之徒》。其后，她参加弗朗索瓦·密特朗领导的抵抗运动。

1944 年，昂泰尔姆被捕被关进集中营。同年，杜拉斯加入了法国共产党，出版《自由人报》，刊登战俘和被放逐者的情况材料。同年，发表《平静的生活》。

1945 年，昂泰尔姆从集中营回来。随后，两人一起创建了万国出版社。

1946 年，她同昂泰尔姆离婚。

1947 年，她的儿子让·马斯科洛出生。

1950 年，杜拉斯被开除出法国共产党。同年，发表《抵挡太平洋的堤坝》。

1955 年起，她为各种周刊和杂志撰稿。

1957 年，她同马斯科洛分居。

1958 年，发表《琴声如诉》。

1959 年，为阿兰·雷内写《广岛之恋》电影剧本。

1968 年，她参加了"五月风暴"的那些事件。

1975 年，《印度之歌》在戛纳电影节期间获法国艺术片影院及实验电影院协会奖。

1976 年，《整天在树木之中》获让·科克托奖。

1982 年，在纳伊的美国医院进行戒毒治疗。

1984 年，《情人》获龚古尔文学奖。

1985 年，发表《痛苦》。7 月 17 日，她在《解放报》上发表一篇文章，玛格丽特·杜拉斯在"魏尔曼案件"中所持的立场引起一部分读者的敌对情绪和好几位女权主义者的论战。

1986 年，《情人》获里茨 – 巴黎 – 海明威奖，是"当年用英语发表的最佳小说"。

1988 年—1989 年，杜拉斯严重昏迷后住院。

1991 年，发表《华北情人》。

1996 年，玛格丽特·杜拉斯逝世。

关于杜拉斯

没有感性的天才，就不会有杜拉斯《情人》那样的杰作。问世不久，一下就出了四种译本，好评不绝于耳。这将是传世之作，不是用现世的道德标准来评判。凭良心说，除杜拉斯的《情人》之外，近十几年来，我没读到过什么令人满意的小说。《情人》解决的是有关小说自身的疑惑。这本书的绝顶美好之处在于它写出了一种人生的韵律。书中的性爱和生活中别的事件，都按一种韵律来组织，使我完全满意了。

——王小波

杜拉斯的黑白照片在封面上仿佛时光的印记，带着伤痛的平静。我一本一本地买，从未厌倦。即使在现在这样一个有人把谈论杜拉斯当作俗套的时候，我依然想独自谈论她，或者和别人讨论她。

绝望的性爱，无言的别离。杜拉斯写尽了爱情的本质，不会再有更多，就好像深爱一个人，到了尽头，突然发现自己如此孤独。

——安妮宝贝

杜拉斯，她是一个活泼、勇敢、有激情的女人。

——【法】弗朗索瓦·密特朗（前法国总统）

在她的写作中，有一种来自里边的源泉，从肺腑最里面涌上来，一种来自特尔斐神殿的天籁之泉。她的写作迷住我、占有我。对我来说，这就是诗意。玛格丽特本人就是诗意。

——【法】埃德加·莫兰（法国当代著名思想家）

如果说玛格丽特·杜拉斯依然确信自己是"野性和出人意料"的作家，她并不讳言所遇到的羁绊和障碍。她再也写不了"令她沮丧的事"，说得很确切。她徒劳地活着，写着，最后一本书的失态是一个禁闭的闸门，语言冲破闸门奔涌而出，这是一座堤坝，把她和从前的她阻隔开来，她仍是她自己，但已经变成了另一个。

——【法】克里斯蒂安娜·布洛—拉巴雷尔

（法国传记作家，《杜拉斯传》作者）

杜拉斯永远是个谜。要么热情如火，要么冷若冰霜。她不是一个普通的朋友，她像一座灯塔，照亮了我的生命，不管狂风暴雨，都放出自己的光芒。

——【法】米谢勒·芒梭

（法国著名记者、作家、歌手，曾任内阁部长）

一位译者强调了杜拉斯对日本作家的影响。他举的例子是年轻的女小说家鹿岛田真希，她获 2005 年"三岛由纪夫小说奖"的《六千度的爱情》似乎是从《广岛之恋》和《情人》中汲取的灵感。

——【日】谷口正子（日本学者）

前言：这就是一切

陌上花开，一念红尘，擎一茎荷香，寻觅一抹月晕的昏黄。

人世间，光阴数载，浪里沉浮，谁会记得被风吹起的衣角、飞舞的发丝、绽放的迷蒙。

回首往昔，湄公河畔，你是笔下回眸的倾城，不经意间，流转了百年时光。

风月如画，似水流年，你化作情浅缘深的一阕，与百花挥别，与秋霜寂寞，飘零如枫叶的迁徙，轻盈似冬雪的邂逅。

拾掇记忆，前一世，她倦卧红尘，贪恋一腔柔情。那些曾经被清风错翻的故事，在书页间低吟浅唱。

有人说，她是全世界最淫靡的女人，她却无惧于荼毒加身，桀骜不驯，游弋于文字间。千山万水，百转柔肠，那支纤弱的素笔，道尽了悲喜冷暖。

她是丘比特箭下的追爱精灵，热情似火。她跨越在禁忌的河流，羁绊她的不是罪孽，而是一晌贪欢。如花般次第开放，又悄悄落尽。

原以为在一起就是永恒，却没想到爱而不得，渐行渐远。泪落无声，只将这漫漫的相思化作一纸素笺。

她清冷如孤傲的灯塔，豪放不羁，天性独然。虽世事洞明，却执念于爱的回应，故而被不甘与不舍所捆缚。她舔舐着伤痛，放荡不羁也变成苦涩的颓败，最后还是输给了时间，输给了多情。

她种下希望，却愈见忧伤。谁会是最终的一个，不得而知。

当她老去，不再倾城。而他，却更爱她备受摧残的容颜。

世间事，除了生死，哪一桩不是闲事。她尝尽人世间的颠沛流离，而倾注一生的爱情也从未停息。时光荏苒，回忆成诗。日月消磨中，那些泪眼蒙眬的缘分，从此不再……

这就是她的一切。

她是杜拉斯。

目录

01

Chapter

第一章　厚颜无耻的人

多纳迪厄

在光阴里沉睡百年，在遗忘的书页间渐渐苏醒，那里有椰林树影，还有水清沙白。

历史的马蹄逐浪而过，踏印难寻。掩卷冥想那个传奇的女子，她有一半的灵魂在印度支那，在一个叫越南西贡的地方。那个人，名叫玛格丽特·杜拉斯。

相较于张爱玲，杜拉斯是典型的大器晚成。二十世纪风起云涌，她用狂热的笔墨犁铧开荒破土，用跌宕的人生书写绝代风华，用万千的柔情谱写惊世之作。

她是凝结在娉婷清荷下的珠泪，浓缩着花的含羞、叶的傲骨、风的多情、雨的悲凉……

她是曼妙婀娜的丛林女孩，与山嬉戏，与风共舞，遗世独立，临水照花。从默默无闻到享誉海外，有谁记得那些未曾被知晓却要用一生解答的过往，转眼已往事百年。

1914 年 4 月 4 日，印度支那嘉定市出生了一位名叫玛格丽特·多纳迪厄的女孩，她在作品里回忆说："也许你不曾记得我，但我却认识你，我也爱着你，我爱你一个世纪前被革命、战火与污血玷污的肌肤，但我更爱你如今朝气、年轻、混乱却充满弹性的容颜。"去过越南的人都说，越南的北方像中国，南方像法国。而她爱的这个容颜，正是如今被称为东方小巴黎的胡志明市。

胡志明市，这座越南最大的城市和工商业中心，旧日的法国风情依旧随处可见。历经二十多年革新开放，工业总产值已占越南全国的四分之一，正以它顽强的生命力在持续蜕变着。那些经过时间淬炼依旧屹立不动的建筑，印证着这里的厚重。

这里的人，或多或少，都有些法国式的自由与浪漫的情怀。很多人因杜拉斯而重新认识越南，也因杜拉斯而去联想当时的西贡。

那时的嘉定位于西贡河和湄公河之间，西贡河全长约二百二十五公里，源出柬埔寨东南部的当村附近，向南再折转向东南，沿着西贡的东缘流淌，最后注入争莱湾。而湄公河是东南亚最大的河流，发源于中国唐古拉山的东北坡，它的上游，在中国境内被称为澜沧江。湄公河总长四千一百八十公里，自北向南，流经缅甸、泰国、老挝、柬埔寨和越南，在越南胡志明市以东，经九个河口入南海，故其入海河段又名九龙江。

浑浊的湄公河，浩浩荡荡，像是饥渴的盘蛇蜿蜒于此，它映照着杜拉斯的童年，也见证着她的成长。在渡船的舷墙前，她穿着茶褐色真丝裙衫，被风拂动，浅露酥胸，踏着双镶金条带的高跟鞋，戴着顶玫瑰色的男士帽。正是在这条湄公河上，她邂逅了自己的东方情人。

现在，就让我们走进那个生活在西贡岁月里的杜拉斯。

月牙梳鬓，游廊里几个孩童在月光下看书。摇椅上的母亲拿着香扇渐渐力不从心，开始有些昏昏欲睡。仆人窃窃私语，打搅着这份恬静的夜幕。清晨，群鸟扑闪着翅膀飞过湄公河，霞光渐显，粼粼波光闪烁在湄公河上，忽明忽暗，一派别样的妖娆。小船穿梭，伴着淙淙流淌的水声，在水云间梳洗着未被雕琢的景致。她伸出手，拨开杂乱的草丛，走向静谧的黑色。握着小哥哥暖暖小小的手掌，童年的噩梦褪淡了许多，像是食人花美艳的那一簇，抑或是抵死缠绵的螳螂最后的吞噬。奔跑，攀爬，窥视，完全不是法国田园里娴静的女子，她是潜伏在印度支那充满野性的乡野女孩。

她出生在这里，放眼望去，有一片绿带垂穗的稻子和深绿掩映的椰树林，没有尽头一般，找不到所谓的分界在何处。这里永远在变化着，河水时常会冲毁小堤坝，演变成泥泞不堪，随后又被阳光曝晒成硬块。谁都不知道，下一次这里会变成什么样。

河岸种着红树，河水拍击着树干，盘结交错的老树根裸露着。大象拖着粗重的脚步，猴子自在地荡来荡去，野猪盲目四窜……这些都是日后杜拉斯笔下的印度支那。而当时的她，喜欢在河边撒欢地奔跑，冲进河里，用清凉的河水冲洗着黏湿的汗和那紧密濡湿贴在身体上的闷热感。缠绕的树藤连同枝丫伸展在天幕上。席地而坐，双手捧着树上刚敲下的金色芒果，鲜黄的甜汁黏糊糊地留在嘴唇上。

"我们吃水果，打野兽，赤脚在小路上走，在河里游泳，去抓鳄鱼，那时我才十二岁……"鳄鱼是很常见的，据说烤鳄鱼尾是当地比较多见又相对划算的菜肴，因为鳄鱼在尾巴掉后能在水里很快再生出一条新的尾巴。

父亲早逝，十二岁的她生活在单亲家庭，但从这段话中可以看出，那时候的她，无忧无虑。

从 1943 年《厚颜无耻的人》到 1995 年的《这就是一切》，无不谈到母亲、哥哥、小哥哥。如果没有小哥哥的存在，她是否会毫无留恋地逃离而去？这个不得而知。

杜拉斯原名玛格丽特·多纳迪厄，在这里我们暂且简称她为玛格丽特。她的父母其实都是二次婚姻。

她的父亲亨利在世时，最初担任嘉定（越南西贡）师范学校的校长兼数学老师。玛丽当时是西贡市立女子学校的一名临时教师，因为工作上的接触，一来二往，风流多情的英俊校长爱上了临聘的女教师。正在这时候，他的妻子因患疟疾而病危，正濒临人生的终点。而女教师也收到家中来信，得知前夫已故。随后，二人无所顾忌，终于在 1909 年 10 月 20 日这一天结婚，此刻，亨利的前妻阿丽丝去世不过才五个月。

阿丽丝育有两子，婚后的玛丽成为了他们的后母。相对于之后所发生的事件，显然她并没有扮演好继母的角色。

他们的再婚并没有得到身边人的祝福，甚至有人写信给殖民地的部长说："您怎么能让这样一位声誉败坏、精神萎靡的多纳迪厄先生继续领导西贡的高级学校呢？这个男人听任自己的妻子在其情妇的手中神秘地死去，还有个丑闻，他的情妇当时已经怀孕了……"经过深思熟虑，当时的部长还是让人事处重新考虑亨利·多纳迪厄的日后任命。

玛格丽特的母亲是否是介入人家婚姻的第三者？即便她没有破坏亨利的婚姻，在当地还是少不了闲言碎语，都认为她的作风不检点。其实，从时间上看，她是结婚一年后生的第一个孩子。他们婚后四年，相继有了三个孩子，两个儿子和一个最小的女儿，而那个最小的女儿就是玛格丽特·多纳迪厄。

1910 年 9 月 7 日的凌晨，玛格丽特的大哥皮埃尔出生。母亲十分溺爱这个大儿子，一直把"高大、英俊、雄健、一个情圣"这些美好的词汇都送给他。正是因为这种溺爱，皮埃尔长大后成了恶棍，令玛格丽特和她的小哥哥充满恐惧，但母亲却一味地纵容。这个家庭后来因为他的存在，变得不公，而且暴力。因为她恨她的大哥，让她有了要杀死他的想法，无论是身心还是笔触，她都不遗余力地想杀死他。这是后话。

皮埃尔出生的一年后，保尔出生了。他是玛格丽特生命中最为珍惜的亲人，她心心念念的小哥哥。她在乎他，怜悯他，依靠他，小哥哥是她苟延残喘下活在这个所谓叫"家"的唯一理由，他们惺惺相惜。

对于出生，玛格丽特无从选择。暴力冷漠的母亲，性格迥异的两个哥哥，是他们塑造了她，一个抗拒传统、绝不妥协、永远在叛逆的死角里散发着激情狂想的杜拉斯。那时候，她还不叫杜拉斯。杜拉斯是她后来取自一个小村庄的笔名。

杜拉斯说："再也没有比我的童年更干脆，更实在，更缺少梦想的了。没有任何值得想念的地方，没有一点儿那种在梦幻中度过童年的味道，没有一点儿传奇或童话的色彩。"但印度支那的越南风情熏陶了她，正是在湄公河畔，她冶炼了灵感，邂逅了人生的第一笔素材。

《情人》中，杜拉斯曾痛楚地说："我很幸运，有一个如此绝望的母亲，纯粹的绝望，即便是生活的幸福感，不管这幸福感有多强烈，也无法完全驱走她的这份绝望。"

杜拉斯的父亲在 1921 年 12 月 4 日离开人世，当时年仅七岁的她对父亲没有多少印象，所以她的作品里，父亲的角色鲜有出现。她也写过："我不认识我的父亲，我七岁时，他死了。他写过一本关于指数运用的数学书，我弄丢了。他留给我的全部，就是这张照片，以及他死前给孩子们寄的一张明信片。"无论真假，她印象里关于父亲的记忆都是模糊的。

父爱的缺失是她难以填埋的情感空洞，她无法倾诉，只能以更加沉默内向的性格存在，低调且独立。

玛丽生下大儿子皮尔埃后，丈夫的身体每况愈下。面对病情，亨利最终选择带着妻子和两个孩子离开西贡去了法国。他们没有按照事先跟殖民当局保证的时间回到印度支那，而是在 1913 年 4 月 4 日才回到印度支那。

从法国回来后，玛格丽特的母亲玛丽怀孕了。这是她的第三个孩子，亨利亲眼见证了他生命中唯一的女儿的降生。

玛格丽特六个月的时候，她母亲玛丽患了一场大病，出现"关节炎、疟疾，心脏也不太好，还有肾病"的症状。在玛丽患病期间，玛格丽特由一个越南男孩悉心照料，喂养至八个月后才交给母亲。而这时，亨利的病加重，出现了肺出血、肠绞痛，还有恐怖的痢疾。印度支那总督命令他立即回法国。玛丽不得不面对独自照顾三个孩子的沉重压力，还要担心远在法国的丈夫的身体状况。孤立无援的玛丽变得很孤独。

玛格丽特的父亲在马赛医院努力地接受治疗，期盼着早日回到印度支那，结果，战争爆发了，他被迫入伍，归于辅助部门。体弱不堪的亨利完全无法胜任，还是病倒了，瘫痪在床，正因此，他从没有上过战场。

对于亨利的长相，军队的医疗卡曾这么描述："浅栗色的短发，栗色的瞳仁，开阔的前额，长长的鼻端，椭圆的脸庞。"1919 年前后，有一张玛格丽特的父母和师生们的集体照，其中最显眼的要数坐在柬埔寨式旧楼石栏杆上的三个孩童，他们一脸稚嫩的表情看着前方，而他们的父亲也在照片里，左腿交叠在右腿上，像个绅士，一脸庄重。

亨利患有"痢疾和慢性疟疾"这种罕见的交叠疾病，院方让他从马

尔芒德辗转到兰斯的医院继续治疗，万幸的是，这次治疗很成功，他在
1916 年 9 月再次回到了印度支那。这场因疾病和战争造成的分离终于
结束。

　　只有直面过战争的人，才能深刻明白和平是多么来之不易。亨利厌
恶战争，因为战争不能改变什么，除了血腥，更多的是无可挽回的疼痛。
所以，珍惜幸福才是最重要的。

河内之变

　　同是教师的两个人，为何如此积极响应号召，热衷于去这样苦不堪言的殖民地？

　　原来，法国本土有专门的机构宣传殖民地如何如何好，去了前景无忧，还信誓旦旦地保证能赚到钱。"年轻人，快来殖民地吧，财富在等着你们。"这样赤裸裸的呼声诱惑着玛格丽特的父亲，去西贡能让他从马尔芒德的一名普通的数学老师跃升至嘉定师范学校的校长，对于渴望改变的人来说，这是质的飞跃。欲望在内心深处咆哮，不管未来如何，这将会是一个全新的开始。玛格丽特擅长用文学去诠释母亲当初的选择，

"她和一个和她一样的小学教师结了婚。婚后不久，他们就一道去请求投身殖民地教育，接着被委派到这个叫作'印度支那'的殖民地去了。"

那时法国正值二次革命，一切尚在发展阶段。满怀梦想的人总会无限天真地期盼财富的降临，毕竟遥远的东方是未被雕琢的璞玉，正等着他们去挖掘。他们相信这个能拯救他们的"殖民计划"。

玛格丽特的母亲在帕德卡莱度过了最悲惨的童年，少时家境贫寒，艰难困苦磨砺着她的意志，她把希望寄托在刻苦学习上，凭借个人不懈的努力，她以优异的成绩考进了师范学校，并且拿到了高级教师的资格证书，开始了三尺讲台的授课生涯。"我的母亲，尤其是作为小学教师的母亲，她对教学工作非常认真。我母亲和其他教师一道在越南传播着法兰西文化。大家都很喜欢她，也许正是因为她的宽容大度。她无法忍受一个孩子因为太贫穷、因为买不起供应品而不能上学。"爱恨交织的玛格丽特对母亲的教育工作给予了肯定。但我们不能标榜这些去殖民地教学的人是多么伟大，即便教育是光荣神圣的，对现今的越南人来说，这是他们耻辱的一页。

如若不是身处法属殖民地，或许还会觉得这是置身在法国的某个地方，玛格丽特的母亲每天照旧去女子学校任职。而后，他们一家人在河内（东京地区）住过一阵子。

玛格丽特说过："母亲不时宣称明天去照相。她老埋怨照相太贵，尽管如此，她还是花钱照了全家照。"如果不是玛格丽特母亲对照相的热衷，我们不会在这些照片中找寻到玛格丽特幼时的诸多印迹。

玛格丽特的母亲虽然人到中年，但依然可以看到她年轻时的轮廓。光洁的额头，梳得紧密扎实的发髻，些许的皱纹在脸上若隐若现，一脸凝重地注视着镜头。可以说，她很美，只是岁月让她美得残酷。

"那是在河内小湖上一处房子的院子里拍的。她和我们，她的孩子，在一起合拍的。我四岁。照片当中是母亲。我还看得出，她站得很不得力，很不稳，她也没有笑，只求照片拍下就是。她板着面孔，衣服穿得乱糟糟，神色恍惚，一看就知道天气炎热，她疲惫无力，心情烦闷。"（《情人》）

待在河内，玛丽的心情是烦闷的，原因是她并没有找到工作。虽然白人在自己国家都很普通，但在越南，他们是人上人，享受优待，可这优待似乎只面向了亨利却没有面向玛丽。亨利是负责河内小学教育的领导，这样的任命无疑是荣升一级，而玛丽却只能等待。

就在等待工作降临而又闲暇无事的时候，发生了一件事，让玛丽和女儿之间发生了微妙的变化。这件事使年仅四岁的玛格丽特过于早熟地跨越了心理上的鸿沟。在1987年的《物质生活》里，玛格丽特提及了那个河内："我从来没有讲到过河内，我也不知道这是为什么。在永隆之前，先是在河内，时间要早六年，就住在我母亲买下的小湖边上那座房子里。在那个时候，我母亲还招收了几个寄宿生，几个年轻的男孩，十二三岁的越南人和老挝人。他们当中有一个孩子，有一天下午，叫我跟他一起到一个'小小躲藏地'去。我不怕，就跟他到那个躲藏地去了。那是在湖边，在两间小木屋之间，两间小木屋想必是附属于别墅的。我记得那是类似两侧木板隔墙中间一条狭窄的走廊。书中写的破坏童贞的地点大多是这一类地方。那种缱绻欢乐已经出现，孩子到了知道那种欢快的年龄并且已经接收到那种信号，受到触发，这在孩子身体内一经出现就永远也不会忘记。第二天，那个小小年纪的越南人被我母亲赶走了，因为我认为我有责任把一切告诉她，对她做出坦白。记忆是清楚的。我被人接触过，那似乎就是受到污辱，有失名誉。我才四岁，他十一岁半，还没到青春期。"

早熟的举动改变了两个人，也改变了玛格丽特对性的观念。七十年后，她才用文字诠释了这个事件。她当时按小男孩说的去抚摸它，记录着每一瞬间，从未忘却，直到贪婪的肢体嵌在愈加无力的年岁上。岁月赋予了斑白，这等残酷，如同羸弱的水滴在烈日骄阳下的挥发。年幼的她，把这件事隐晦地埋葬在心底，包裹得严严实实，时刻警醒着自己，那上面书写着自己耻辱般的过去。这是不能说的秘密。

"这场景自己在移动。事实上，它和我一道成长，它从未曾离开过我。"打破那纯粹的童年，她的青春过早地被干扰，她不好阐述自己身体上被带来的冲击，懵懂和恐惧穿梭心间，没有玩伴的她，身边就剩下母亲是个可以坦白的对象。不知道是要安慰还是一点所谓的理解，玛格丽特小声地说明经过后，玛丽听后从呼吸急促到面色光火，对自己女儿大声叱责说："不要再去想它，永远永远不要去想！"

玛丽把越南男孩赶走后，对女儿管束越加严厉，只允许女儿在家里，不许她和陌生人有过多接触，她认为这样做就能使玛格丽特淡忘这件事。

但欲望是折磨与畅快的复合体，一旦开启，就像坠落的撒旦，一切不复如前。

"我以后没有对我母亲再讲起这件事。她认为我早就把它忘得一干二净。她曾经对我说：'不要再去想它，永远永远不要去想。'可这件事，我很长时间都在想，就像想到一件可怕的事情一样。此后，又经过很长的时间，我才在法国讲给一些男人听，不过我知道，我母亲对这一类游戏是从来不会忘记的。事实上，它和我同时长大的，从来不曾从我这里避去。"（《物质生活》）

玛格丽特·杜拉斯是个自传体的作家，这个事件是她在《物质生活》里阐述出来的。不管真实与否，亨利确实在 1920 年初被委派到金边（柬埔寨），而之前的 1918 年到 1919 年的时间里，他女儿的确是住在河内市北部的竹帛水湖边，玛格丽特说自己四岁住在河内是能成立的。或许记录也是一种转折性的放下，把秘密寄存在书里，每一个翻阅的读者都是她倾诉的对象，就这么无声无息地被记忆就好。

杜拉斯语录

我是一朵花。我身体的各个部分都在阳光下爆裂。我的手指脱离了我的手掌。我的双腿脱离了我的肚子。直至我的发根。我的头颅。我感觉到初生时的骄傲的疲惫，终于降临于世的骄傲的疲惫。在我之前，没有任何东西占据我的位置。现在，我占据了这种虚无。

中国和金边

　　玛格丽特五岁的时候，亲眼见到一个中国妇女因为通奸罪被活埋。她深受震撼。

　　多年后，在一本簿子里发现过一篇她未发表的文章，讲述一个身材高大的男人被一折两半，屁股折坐在垃圾箱中。因为身体庞大，整个折叠的身体就像夹子一般卡在其中。突兀的两只脚像花瓶中的枝干无力地插着，伸展成最为惊悚的姿态。垃圾箱外，斜歪装着颓丧没有生气的脑袋，毫无血色的脸上，唇与齿之间是开着的，像有无法诉说的遗言。虱子、灰尘、垃圾……一个鲜活的人，上一分钟他还可能走过你的身旁，下一分钟，他就像这毫无生气的垃圾一样，被丢弃了。"我和哥哥目不转睛地看着他，围着他转。我们这一生还没看到过这样的事情——垃圾箱里装着一具死尸。"

她和哥哥都惊呆了，母亲又一次用手蒙上了女儿的眼睛，让她忘却……可这是尸体，是人。遮住了双眸，那心里呢？

正是这一年，因为雨季持续不断，五岁的玛格丽特和她的家人开始了旅行。他们花了三天时间翻越云南的山岭，这是她之前从未抵达过地方，一切都是那么新鲜诱人，充满了未知。对于爱抓蟋蟀的哥哥来说，富有童趣的蟋蟀王国是哥哥眼里的中国。而敏感细腻的玛格丽特却用她那洞察力极强的双眼去审视着他们所说的中国。

"他们不想要小女孩，在他们眼中，小女孩一文不值，如果生的女儿太多，他们就把她们扔给小猪吃。这些都是别人教我的。在我们到达云南之前，为了让我看到中国人的时候就知道是怎么回事，知道怎么去称呼他们，他们教得很多——中国广袤、残酷、善生养，在那里，孩子们都非常不幸，你们从来都不知道你们有多么幸运。他们从来都不拥抱自己的孩子。中国人不痛苦，死亡并不让他们害怕。他们从来不哭，也不会哭。"（《中国的小脚》）

在玛格丽特的眼里，中国是悲剧的缩影，不仅仅是孩子的不幸，更是爱情的不幸。在她的《情人》里，她就写到了女主站在另一条船上，看着中国情人披红挂彩地去迎亲的场面。

"在中国，因孩子的死亡而引起的悲恸要比在别处小得多，他们已经习以为常。有那么多的孩子死掉，又有那么多的孩子出生，一切周而复始，有规律地发生、平复、堵塞、遗忘，没有必要因为水灾而悲哀。"在杜拉斯笔下，中国人的形象多是饶舌的商贩、执著的乞丐、奸猾的挑夫和猥琐的鸦片烟鬼，每个人都匆匆忙忙。最让她震撼的是见到的一个美丽女孩，裹着小脚，穿着细小的绣花鞋。她难以理解，更难以忍受。能拥有一双正常的双脚是多么庆幸。

"我受不了世界上所有的小姑娘的脚无法享受同样的自由。我幻想这些受到了压迫的脚不顾一切地还是在长大，膨胀，撑破鞋子，自我解放，最终长大。宁可自娱而不取悦于人。但我想，为什么不跟她们解释呢？那得花上千年的时间，人们对我说。是的，中国人如此喜欢小脚的天性真是一种可怕的宿命。我五岁，在中国。"（《中国的小脚》）

其实，这样的酷刑在 1912 年 3 月 11 日就已废除。当时发布的《大总统令内务部通饬各省劝禁缠足文》中就讲到"该部速行通饬各省，一体劝禁，其有故违禁令者，予其家属以相当之罚"。法令颁布后，很多地方的女性都开始剪发留足，但云南是中国西南边陲，未及效行传播也是有可能的。

童年的玛格丽特天性善良，与众不同。对于初访中国的玛格丽特来说，旧中国是色泽美艳的菜肴，但却难以下咽。脑海里挥之不去的小脚已经让她觉得是可怕的宿命，但更让她难以接受的是"旺鸡蛋"，玛格丽特觉得这样残忍的做法比裹小脚更过分。她爱小鸡，难以容忍他们对小鸡的残虐。"我幻想着把它们全部解放。所有小鸡都破壳而出，所有小姑娘的小脚都能撑破她们的鞋子。"

山抹微云，天连碧草，袅袅炊烟的梦魇渐渐苏醒。她告别了中国，告别了小脚和小鸡。

1920 年初，玛格丽特的父亲被委派到金边任职。父亲先单独前往，直到 1921 年，他们才一家团聚。"河内小男孩事件"后，她愈发恐惧于母亲的暴躁和阴晴不定，常常令她心惊胆战，她觉得自己是可有可无的。

"母亲是不爱我的，她眼里只有大哥。"她像游荡在大洋中的纸船，即便下一秒就要沉没，她还是渴望着那份母爱，哪怕它终将开往绝境的彼岸。

"就在金边这座对着湄公河的豪华住宅里，在这座当年柬埔寨国王的王宫里，在这种令人害怕的宽大的花园里，妈妈总是让人感到害怕。一到夜里，我们就更加害怕。"（《情人》）

如果不是父亲的晋升，他们一家也不可能住进这座富丽堂皇集奢华于一体的建筑，这房子相当气派，住进去也非常有面子。可对于敏感的玛格丽特来说，金边这座城市像囚禁着死亡的锁链，她总是害怕夜幕的每一次降临。

金边是个聚居区，地处湄公河和洞里萨河之间的三角洲，当时的人口不足五万，规模还不足以与河内和西贡相比。这里风景宜人，景色秀丽，初入此地，会以为进入了爱丽丝仙境，圣洁的白色建筑一座座巍峨地矗立，金黄色的尖塔像千手观音的手掌鳞次栉比地延伸。金边城南面的地势向里凹，面向着湄公河，放眼望去是一整片平地。在这片平地中矗立的建筑就是王宫，对于七岁的玛格丽特来说，这是一座可以充分激发这个女孩儿好奇心的宫殿。

玛格丽特的母亲很顺利地找到了工作，担任一所学校的校长。他们都觉得这座别墅给他们带来了好运，所以，在金边，他们也有过一阵子奢华糜烂的生活。

金边城被大片的稻田簇拥，随处可见槟榔树，疏影横斜，郁郁葱葱，比河内和西贡都更有异域情调，每一个角落都散发着微醺醉人的光芒。但这光芒不会永远照耀，霞光会渐渐谢幕，大地也会沉睡。

1921 年的 4 月，在金边履职不久的亨利病情加重。4 月 24 日，他被送上了"希利"号客轮，回国救治。之前，他写信向遣返特别委员会反映病况说："作为五个孩子的父亲，我没权利长时间损害自己的健康。"正是这样的理由，使他得以被批准回国治病。玛格丽特不能理解母亲当时的冷漠，她还问过母亲，结果是"我的母亲应该是拒绝了和父亲一道回法国，她要留在那个地方，再也不离开"。

回国救治并没有让他起死回生，医生建议他需要在精神上和体力上做长期的休养。对一个养家糊口的男人来说，长期休养就已经在精神上宣告了他的死亡。知道自己时日不多，他悄悄地离开疗养院，回到杜拉斯镇附近的帕尔达朗村。该村地处洛特－加龙省，他上次回法国的时候在这里买了一处房子。亨利奄奄一息地躺在床上，探访他的只有前妻的母亲和两个孩子，还有他的兄弟罗歇。

1921 年 12 月 4 日，一直被疾病折磨的亨利·多纳迪厄在法国去世了。他的兄弟说，他去的时候很平静，眼睛朝着窗户的方向……

在金边，"就在这座住宅里，妈妈得知了父亲的噩耗。在电报到达的前夕，妈妈早有了预感。那天半夜，唯独她听见一只发疯的鸟在呼叫，并且落在北侧父亲的那间办公室里。同样也是在那间办公室里，在她的丈夫去世的前几天，也是半夜时分，妈妈突然看见自己父亲的身影。她把灯打开，外祖父果真站在那里。他站在那个八边形的大客厅里的一张桌子旁边，看着她。她把我们叫醒，向我们讲述刚才发生的事，讲他如何穿着那套星期天穿的灰色制服，是如何站在那里，两眼直直地看着她。她说自己像小时候那样叫他。她说自己没有害怕，朝着那消失的形象跑过去。从那以后，我们对妈妈多少有些崇拜，因为她无所不知，就连人的死亡也能先知先觉。"

玛丽曾以为亨利能逃过一劫，甚至觉得电报是假的，即便殖民行政署的职员再三告诉亨利去世的消息是事实，她还是拒绝前往法国。行政署对于家属去世肯定会给予丧假，报销旅费，可玛丽还是拒绝前往法国奔丧。直到为了遗孀抚恤金和争夺继承权，她才前往法国。

办理完丧事的让·多纳迪厄（亨利与其前妻的儿子）对玛丽无动于衷的反应感到害怕，他给巴黎殖民地部去信说："我的继母以及弟弟、妹妹还在金边。鉴于这种情况，请你们采取必要措施。"为了避免误会，他特地补充说："我已经电报告知我的母亲所发生的事情。"

父亲去世那年，玛格丽特才七岁，父亲的死亡对她在金边的生活没有什么影响，像是风过无痕一般。接下来的一段时光，他们一家四口还要一起相依为命。

缺失父爱的玛格丽特并不依恋父亲，多年后的一次记者采访中，她表达过这样的感受："父亲死的时候我还很小，我没有表现出一点难过的样子。没有悲伤，没有眼泪，没有问题……他是在旅途中去世的。几年以后，我的小狗丢了，我的悲伤却是无与伦比的。那是我第一次如此痛苦。"不了解状况的人看到这句话，会觉得杜拉斯冷漠，但在《外面的世界》中，她正视了自己的父亲，她觉得他温柔善良，比母亲更美好，因为他迷人、勇敢、正直，最重要的是，他永远不像母亲那么神经质，令她又爱又怕。

父亲对她来说，陌生得太过美好。虽然那时的玛格丽特很小，但记忆总会残留在脑海里。

争产风波

亨利走了，他们的一切都变了。

亨利活着的时候，再不济也是个校长，有一定地位。可如今，森严的等级让他们领会到往日的繁华已经褪去，他们的家开始面临风雨飘摇。

1922 年的夏天，玛丽申请了十个月的带薪假，要带着三个孩子回法国。这个带薪假不但每个月能领到四百二十法郎的薪水，而且沿途的火车票都在报销范围内。

玛丽突然归国并不是为了旅游，而是为了去争夺遗产，因为她对亨利在死前购置的田产曾经一无所知。在《情人》中，玛格丽特曾说："我父亲去世前买下了双河口的一幢房子。这是我们家唯一的财产。"

玛丽带着三个孩子先去了她的家乡弗吕热，到了夏末秋初，才辗转抵达洛特－加龙省的那个传说中的普拉提耶庄园。"十五公顷的普拉提耶庄园，地界越过了省道和铁道，延伸至德罗边缘，那里有'于德朗庄园的桤木林'和洗衣池，可就地从河里取水。庄园的土地由佃农耕种，牧场为牛羊提供饲料……"这座庄园相当奢华，有一条长长的过道，下面是粮仓。屋顶的坡度平缓，上面覆盖着泥瓦。通风性好，向阳有四扇大窗户，窗户上都安装了木质的百叶窗，中间是正门，双门扇，四周墙面是白色的，正对着下面的公路。房屋南侧的下面是地基，有很长的一间地下室，是存放酒桶的仓库。

关于藏酒库，玛格丽特在《平静的生活》中有详细的描述："我家有个很大的藏酒库，是直接在花园的半山腰上开挖的，酒库对面就是李子烤炉，烤炉的每一层都有李子。正在煮干（烘干）的李子皮已经裂开，听着烘炉里葡萄嫩枝燃烧时噼啪声响，别提有多舒服了。夜晚来临，炉膛里红红的，宛如一大团赤云。不断飘散的李子香侵占了我的分分秒秒。"

这座庄园在葡萄成熟的季节，农工们会用推车把采摘好的葡萄倒入压榨机，从院子两侧进入院子。走过长长的通道，可以看到一个敞棚，有前面说的李子烘干炉，还有放着柳条筐的棚架和禽舍，这些附属的物件都面对面。右侧有空地，种着忍冬花。空地直通厨房，直面日落，北面空地有水井、樱桃园和菜园子。租地中间是种植园。

当然，跟印度支那那种水电齐全相比，普拉提耶庄园美中不足的是没电，也没浴室，甚至没有自来水。但相比金边拮据的日子，住在这里已经算是天堂了，玛格丽特的母亲对这里没有嫌弃之感，她可以躺着休憩，孩子们可以在这里愉悦地生活。

天气晴朗时，玛格丽特会和小伙伴们一起到花园追逐戏耍。到了夏天，她们就去樱桃园或者果树林里采摘水果。吃点心的时间里，她们就会到那个忍冬花架下去享受惬意的时光。

她们还经常一起去两公里外的村庄拜访帕尔达朗教区神甫迪福。因为对那里的人来说，神甫是比较有影响力的人物，玛丽和他往来密切。

在玛格丽特的玩伴中，有一个叫伊维特·巴罗的女孩，她回忆过他们一家人。说玛格丽特是个并不淘气的孩子，接触久了会发现是个有心计且喜欢拿决定的人。她同玛格丽特一样不喜欢她的大哥，而是喜欢她的小哥哥，觉得她大哥很傲气，不随和，而她的小哥哥却是温和可爱的。

玛格丽特的朋友对玛丽评价甚高："她给我的印象是个很了不起的人。我当时年纪小……我们还只是孩子，确实不知道她是什么人……也不想知道。反正是个大人物，很厉害的。她在我们心目中是个能干事的人，她让人折服。"

童年的玛格丽特跟同龄伙伴们很合拍，她们玩在一起，吃在一起，玛格丽特和母亲争执后还常去邻居家睡觉。玛格丽特是个特别的女孩，一头棕色的头发，爱穿木鞋，她希望别人叫她"内内"。她喜欢上了这个叫洛特－加龙河的地方，觉得这里散发着一种野性，与她的出生地交趾支那十分相似。

玛格丽特一直想知道自己是什么时候开始想写作的。她觉得就是在她八岁时，在父亲的土地上。父亲埋在附近，在莱维尼亚克德－吉耶讷的墓穴中，墓穴的邻居就是他的前妻，"那里开阔而空旷"。

值得一提的是，玛格丽特的第一部小说《厚颜无耻的人》中的故事就是这段记忆的真实写照。她用不具色彩的文字写出了想象飞驰的一个天地，即便是血腥、残酷、野蛮，也都能一一在读者面前毫无顾忌地展现，也正因为她想写作，她才能用自己亲身经历的故事告诉你，那个她曾经待过的地方是多么的与众不同和神秘。

时间无涯，空间无界，那些停留的过往终会被时光的洪流冲淡，繁花次第，沧海桑田，一切又会推陈出新，再次归来。

此次，玛丽领着一家人奔赴法国可不是为了去庄园度假，她是为了亨利·多纳迪厄的遗产，还要领取丈夫的所有抚恤金。

当初，亨利的死对殖民当局来说是匪夷所思的，死因多少有些让人起疑。因为亨利在死前并没有配合医院治疗，是拒绝一切救治的，而且死后也未颁发死亡证明等相关文件。没有相关的死亡文件，玛丽无法领取抚恤金，这使她相当困扰。在很长的一段时间里，她一直去找行政署证明自己丈夫亨利已经死亡，证明自己就是一个孤苦无依的寡妇。她还到丈夫曾去医治的地方索要死亡证明，反复纠缠下，医生让步了，给她开具了相关证明。但印度支那的总督却并没有那么好说话，"证明提交到了印度支那军队医院负责人手里，他认为这些证明只可以说明亨利·多纳迪厄在印度支那染上了慢性疟疾，但不足以得出该病导致亨利死亡的结论。"

由于欠缺很有利的证据，玛丽对这样重重设卡的当局表示无奈，而这个总督在五年后还一直徘徊在亨利是死是活的问题上。到了第六年，玛丽终于领到了这笔抚恤金。本来，这笔抚恤金有四分之一应该属于丈夫前妻的小儿子雅克，但雅克和雅克的监护人——舅舅却都没有领到，原因是属于他们的那一部分被玛丽私吞了。

一直以来，自私偏心的多纳迪厄夫人就不受夫家待见。早期，玛格丽特的母亲想要普拉提埃的房产，当时夫家就拒绝修改房契证明。在亨利的兄弟罗歇·多纳迪厄给总督的来信中不难看出，他眼里的玛丽是个有野心又狠心的角色。他说："她想要收回普拉提埃的房子，但并不承担抚养丈夫和前妻所生孩子的义务，她还要领取归他所有的抚恤金……多纳迪厄夫人对其丈夫和前妻所生的孩子没有丝毫疼爱之心，这次又起诉了他们，目的就在于拖延他们享有继承我兄弟财产的权利。而实际上，她早已将我兄弟的财产据为己有。"虽然玛丽没能把普拉提埃的房子归于名下，但她成功地夺走了丈夫与其前妻所生的两个孩子的其他继承权。

玛格丽特的手稿里有一篇《布斯克老夫人》中这么写道："她似乎永远也死不了，让人觉得她很善于对付岁月的流逝。"那时候的玛格丽特是个性的，但她还是理解她的母亲，即便她的母亲总是偏心。

在法国足足待了将近两年之久，带薪假期早已结束，而玛丽还不想走，为此，她向殖民地当局提出申请，说自己记忆力衰退严重，并且患上了殖民地的慢性疟疾，想留在本土。之后，殖民当局让玛丽出示证明。

玛丽如何找上军医我们不知晓，但可以看出，玛丽并没有打通好关系，因为军医做出的证明是："多纳迪厄夫人从现在开始可以适应殖民地的生活了。她应立即回到海外的岗位上。"

1924年6月5日，玛丽带着三个孩子离开了法国，但她不想再回到那个充满黑色回忆的金边城，她想回西贡。可就在科伦坡换船的时候，她接到电报，上级还是要她去金边任职。玛丽觉得自己快崩溃了。她写了一封声情并茂的信给殖民地当局，希望迁回西贡。这份期望并没有被接受，总督在接到请求后，委托殖民行政当局负责调查玛丽所说的是否属实。

人在倒霉的时候，最怕的是雪上加霜。很多资料证明，玛丽不善于处理人际关系，如今，曾经共事的一些同事开始在背后强烈地表达对她的不满，说她"不论在诺罗敦学校还是在考试委员会，名声都非常糟糕"。

玛丽处于了这种腹背受敌又遭人冷箭的情形之中，她很想找人谈谈自己复杂的心情，结果大家都避之唯恐不及。她开始怀疑这是个阴谋。她只好请求教育部门召开会议，要求再次调查，澄清这莫须有的诋毁，她想摆脱这噩梦似的日日夜夜。

得不到认同，却又倨傲好强，玛丽第一次感到气馁，觉得自己很失败。逐渐地，她认为每个人都开始对她不公。在玛丽看来，遇到这样的事，都是因为自己不会讨好人，不会所谓的应酬和人际交往。其实，玛丽不是不会，关键是她太锋芒毕露。

"在永隆拍的照片，我没有，一张也没有，花园，大河，法国征服殖民地后修建的两旁种有罗望子树的笔直大马路，这样的照片一张也没有拍过，房屋，我们的栖身之地，刷着白石灰，摆着涂有金饰黑色大铁床的住屋，装着像大街上发红光的灯泡，绿铁皮灯罩，像教室那样照得通亮的房间，这样的照片一张也没有拍过，我们这些住所真叫人无法相信，永远是临时性的，连陋室都说不上，丑陋难看就不说了，你见了就想远远避开。"昔日的豪宅被收走，他们开始住在破旧的木屋里，荒芜的境地看着都让人泄气，实在说不出哪里好。但为了生活，为了活着，脸皮不再是可以在乎的东西。孤立无援的玛丽已别无他法，如果前方只有一条路，哪怕是破罐子破摔，她都要拼一回。这一次，玛丽把所有的苦闷、绝望与无助都一股脑诉诸给了总督。正是因为这次的孤注一掷，玛丽的人生又一次发生了大逆转。

1924 年平安夜的前一天，她收到了比圣诞礼物还惊喜的礼物——调令。

能离开这个有过美好回忆却更多的是灰暗现实的地方，玛丽喜极而泣，她终于可以走出这个噩梦之地了。告别吧，愿这些不幸都能抖落在风尘中，踏碎在足印下。

出发吧！下一站，永隆。

02

Chapter

第二章　抵挡太平洋的堤坝

杜拉斯语录

我一生的历史是不存在的，的确不存在。从来就没有什么重点，没有道路，也没有线索，有些宽阔的地方会让人们遗忘那里必定有人存在，这不是真的，其实那里一丁点儿一个人也没有。我年轻时那一丁点儿故事我已经写过一些了，我想说的就是那段依稀可辨的历史。我所说的正是这个故事，也就是我那段过河的故事。

下一站：永隆

沉默。中国人说：

"您还在想着永隆。"

"是的。这是我觉得最美的地方。"

——《来自中国北方的情人》

那一年，玛格丽特十岁。离开了高楼耸立的殖民城市，告别了生活圈复杂的种族之地。颠沛流离的童年，才渐渐显露出一丝别样的颜色。

这里是百鸟平原，拥有一片广袤的"水乡"。晨光薄暮，水雾缠绕，一望无垠的稻田果绿，汩汩奔涌的河流，没有尽头。河湾、池塘、切块的水田，曲曲折折，绵延千里。它是软香惬意的天堂，是倦鸟栖息的故土，是欢畅鱼儿嬉戏的胜地。这里像是未被惊扰的乐园，让人一见倾心，恨不得倾尽一生的念想，立马许下诺言去爱这个地方。

永隆坐落在前湄公河的边缘，地处现在的越南前江省，漫步九龙江的途中，就能看见花市，远处停泊着舢板和驳船，相比丛生的小岛，那些小船更像是水面上晃动的菱角，分外鲜明。

棕榈树像是久候情郎的姑娘，即便风吹摇动，还是矗立不移地站着。渐渐深远的黄昏添了水墨的一笔，水流也为落日执镜，瑰丽的流光洒下湄公河，星辰徜徉在河面上，一片斑斓。

这是一汪被月儿眷恋的水乡，它披着流动的水波正在婀娜轻盈地漫步。

安逸的乐土上古庙林立，信徒络绎不绝，殿内香火鼎盛。每日都有虔诚的百姓焚香默祝，期望丰泽的水乡能庇佑他们年年丰收且平安喜乐。

焚香燃灯、祭祀膜拜、诵经念佛，这一连串的做法对于虔诚的信徒来说是一件非常普通的事，但对异国的玛格丽特来说，这样的举动是陌生而神秘的。她十分好奇，不单单是对叩拜，那些活灵活现、古色古香的龙头柱子，还有那些形态各异且大腹便便的佛像，好像也有一种难以描摹的神圣。

永隆的老百姓最怕夜深熟睡时，野猪出来把麦苗啃食得干干净净，还有那些让人烦躁的猴子窜来窜去。

被贫苦施压的民众，从未被上层贵族们认同过，他们偏安一隅，并不觉得自己不幸。比起不幸，生存才是首要的一件大事。得过且过并非是最潦倒的方式，最悲哀的是从不知道如何真正有意义地活下去。

这里的街道人声鼎沸，传统工匠在越南很普遍，当地人很喜欢戴竹制斗笠，穿麻质裙子。而白人喜欢穿着带花的白裙，戴着阔边的遮阳软帽子，一派欧式的着装。

在苦痛里生存还能自得其乐，这是当地人与安逸享乐的欧洲人不同的地方。对于将要生活在这里的玛格丽特，她也在质疑自己是否会淹没在这不知苦痛的麻木中。

桀骜的玛格丽特是享受着白人的自由又不带殖民束缚的异乡人，她集野性、自由、奔放于一体。她一直在作品中书写着她的野性，也竭力剔除一些她不愿意提及的内容，而她从未忘记永隆，甚至苍苍老矣她还觉得清晰如昨，仿佛自己是行走在邮局的小路上，看着路的两旁种着鲜少有人观赏的金凤花。

那时候的玛格丽特有着一头黑色微卷的长发，左边发髻上系了一个白色的蝴蝶结，鲜嫩的脸蛋上嵌着一汪碧波荡漾的双眸，显得顾盼生辉，她穿着绣花领口的短袖连衣裙，右臂上戴着一个碧绿色的玉镯，这是玛丽送她的礼物，她戴了大半生。脖子上戴着圣体纪念牌，小小的，特别显眼，在 1930 年她和沙甸和平法官的女儿合影照片上，最显眼的就属两人脖子上都佩戴着的圣体纪念牌项链。由此可见，她在永隆也接受传统宗教教育，也有去做弥撒。

在永隆，男女学校分开而建。玛丽是一所女校的校长，起初不教学，只负责管理学生。在当地，女子教育以职业技术教育为主，主学缝纫和绣花，还有法语和算术。玛丽所在的学校，老师基本是当地人，她不得不选择重回讲台。

那个年代，有重男轻女现象的不单单是中国，越南也是如此。学校的女生比率不超过百分之八，这百分之八里，也不排除一些开明的父母卖了田地让自己的女儿接受新式教育的。

玛丽的大儿子因为学业重回法国，她与小女儿和二儿子住在永隆。

也就是在永隆，玛格丽特遇见了作品中反复出现的"女乞丐"和中国情人。

"晚上，在永隆，我们都是乘四轮马车出去。我至今还记得，我们总是坐到一座小棚屋附近，接着渡过河去，最后再穿越湄公河的支流回来。回来的时候往往是夜幕降临之时。"

白人的优越感是无法消除的，一些表层的规矩，他们依旧遵循。

他们住在离市中心很远的一个街区，每天都会途经那条椰影丛丛，道路笔直的街道，每天都会看到身边开过一辆霍奇基斯牌汽车。

玛丽在永隆工作初期，管理得很有成效，因此获得了上级肯定，晋升为"特级带班"教师，薪水上调。为了参加行政部门组织的晚会，她还精心装扮了一番，但在一些旧照中不难看出，玛丽的着装很单一，棉质宽松的黑色裙子，手包也是黑色的，五十岁的她早已把长发剪了，并且习惯把前额上的头发往后梳，呆板的发型加上黑色的装束，木讷且老气横秋。她之所以习惯穿黑色裙子，据说是为了以此提示众人，自己还在服丧期。她很喜欢照相，并不时地宣称"明天我们去照相"，即便是埋怨照相太贵，她还是花钱照了全家福。幸得玛丽有照相的兴趣，否则，光从文字上去窥探玛格丽特，是无法更深层次地走进她的世界。

独自抚养三个孩子，玛丽感觉自己很累，没有人能帮她，夫家也与她切断了联系。那笔救助的抚恤金依然没有任何动静，她不厌其烦地向殖民署写信反映自己的"贫苦"，她以三个孩子的名义，请求相关部门能担负她孩子的学费。

玛丽一个月挣一万法郎，还在外面教法语课，她一点点囤积自己的积蓄，她要改变。

大儿子已开始接触鸦片，甚至会偷家里的钱去抽大烟。小儿子时常旷课，作息懒散，到了夜晚，会像当地的野孩子一样到处撒欢。玛丽管制不了他们，整个人变得扭曲，开始习惯于大吼大叫、谩骂和抽打孩子，以此来发泄她的抑郁。

这样不公平的待遇使得玛格丽特更加仇恨这个家。《情人》中她说："这恨可怕极了，对这恨，我不懂，至今我也不能理解，这恨就隐藏在我的血肉深处，就像刚刚出生只有一天的婴儿那样盲目。"

风雨鞭策，日月煎煮，那些细密的疼痛感，会随着时间渐渐淡去它的瘀青，但那些凝固在心底的痛楚，就如同雨水搅拌过的湄公河，浑浊而狰狞。

总督夫人和女乞丐

　　玛格丽特在童年有过一段创伤性的记忆，她曾大声疾呼，但听见的却是母亲尖利的笑声和快乐的呼叫。这种变态式的噩梦，挥之不去。"回想起来，中心就是关于这样一种恐惧的记忆。即便说出这种恐惧已超出我的理解、超出我的力量，即便这样也还不够。"她不想回忆这段过去，她想把母亲矫正得很具有母爱特质，即便她暴力、疯狂，拥有小市民的特性，并且悲观。

　　玛格丽特说："成为自己疯狂的对象，却始终不是个疯子，这大概是一种非常美妙的不幸。"她的笔下有神经兮兮的女疯子，有衣着褴褛的女乞丐，还有声嘶力竭的女人。这些女人像噩梦的浪潮涌上她的记忆，她们追逐般地跟着她，发出可怕的笑声。她拼命地奔跑，身子害怕地抖着，跟筛糠一般。

十二岁的记忆是模糊的，印象中那个两岁大的婴儿被蛆虫啃食得不成人样，显得像六个月大小，让人触目惊心。她难以忘怀，母亲把小婴孩交托在自己手上，虽然自己悉心照料，但还是没有救活回来。

《情人》中疯子一样的讨饭女人在永隆邮局喃喃自语，沿路乞讨弯腰，枯瘦如柴，颓丧得像个死尸；《副领事》中白人小女孩央求母亲收留讨饭女人，为此而妥协了母亲的要求，才得以让母亲接纳乞丐女人和她的孩子；《抵挡太平洋的堤坝》中写过一个讨饭女人祈求母亲照顾自己的女婴，母亲日夜照顾她，甚至做了摇篮，可是小女婴窒息死了，嘴巴里吐出了很多蛆虫；《世界报》中她写到，"讨饭女人逃跑了好几次。她脚上有伤，我们追上了她，但是最后一次，她是真正地逃走了，在夜里"。

即便玛格丽特笔下的讨饭女人走了，但是她们永远住进了玛格丽特的心里，包括那个女婴。之后，玛格丽特还写了另一个女人，安娜—玛丽·斯特雷特。她是总督的妻子，两个女孩的母亲，长着一张没有涂抹胭脂的脸，面色苍白，头发红棕，睫毛颜色很淡，瞳孔在阳光的照射下很明亮。

这是杜撰还是真实？

《杜拉斯的领地》说："我到了之后不久，有人就告诉我，有个年轻男人自杀了，原因是出于对她的爱，是因为爱她而自杀。"玛格丽特对这事感到很惊讶，甚至不能理解。因为她觉得，这个夫人长得并不是很美丽，而且寡言，习惯带着女儿散步或者独来独往。而在让·里瓦尔的书里讲过一个不愿透露姓名的女性说在20世纪20年代，确实有个叫安娜—玛丽·斯特雷特的女人，她和她丈夫、孩子住在西贡境内的一个哨卡，还有一名为她服务的大夫。大夫最后选择自杀了，因为在最后关头，本来决定要走的她改变了主意，不离开了，之后这个消息不胫而走。

美貌与香艳的情史，对于玛格丽特来说是新奇的、令人兴奋的。它像开了闸的洪流，裹挟着那些有待探究的情情爱爱："这个消息只能我一个人知道。从此以后，那个女的，安娜—玛丽·斯特雷特——就成了我心底的一个秘密……"

安娜—玛丽·斯特雷特的丈夫确实曾经先后任柬埔寨和交趾支那总督。但他是在沙沥任职，并没有在永隆担任过总督，所以，这个故事是一路流传的结果。得知这个总督夫人的秘密，玛格丽特很兴奋，她甚至说："有时候我在想，我写东西是因为她。"当然，因为她的写作，使得总督夫人变得世界知名，甚至在1977年，真正的安娜—玛丽·斯特雷特写了一封信给她。

夫人：

您动用你的想象力创造出了一个虚构的人物，正是因为需要保持其神秘的匿名特征，所以留存了它的魅力。我本人对此坚信不疑。我既无意拜读您的书，又无意看您的电影。牢记往事，留住印象，让它们的价值永远不为人所知，让它们的形象在脑海里似真非真去变幻。顺致敬意。

1977 年 11 月 15 日于墨东—贝尔维

总督夫人穿梭在多部作品中，生活中，她已习惯了流言蜚语，多加一本书，并不能成为打压她的最后一根致命稻草。既然决定不走，她就有意志力去面对将要来临的风雨，被人大肆讨论且被探究，这是毋庸置疑的，如果无法避免，那就让自己的形象在他们脑海里似真非真地重塑吧。

1925 年春，玛格丽特取得小学结业证书，考试成绩是整个交趾支那地区的第一名。面对大儿子的顽劣，小儿子的不爱读书，玛丽觉得女儿让她面上倍儿有光，她的虚荣又在作祟。

"我母亲到了。我真替她难堪，她和她的裙子。大家说她是个寡妇，说我就是她的聚宝盆。我的这一切都是为了对得起她的爱。"

她的爱变相了，她疯狂地打骂孩子，周围的孩子看见这个女疯子也都很恐慌。周边的同事朋友都开始远离玛格丽特的母亲，因为她太专制太聒噪，又喜欢在同事间嚼舌根，引起事端，更令人讨厌。玛丽感受到了大家对她的疏远，于是向仆人和孩子们发火。那诡异的无名火让玛格丽特很是担惊受怕。

最让她恐怖的，要属她大哥对小哥哥的粗暴。她害怕死了，她觉得小哥哥会被大哥打死。1942年，小哥哥保尔在西贡去世，她也一直认为，是大哥害死了他。

《情人》的电影里，有一幕我印象很深刻。兄妹三人在餐桌上吃着看上去有些恶心的黑乎乎的肉，玛格丽特睥睨着面露凶相的大哥，小哥哥正用刀叉伸向小锅里那茄黑色长长的食物，大哥一脸凶恶地盯着小哥哥说，那大片肉是他的。小哥哥无力抗争地看着大哥把大肉叉进盘里。玛格丽特问大哥：为什么都是你的？大哥说，因为我喜欢。玛格丽特极其愤慨地说，"我恨不得你去死"，转身离开时，椅子倒了。清秀的小哥哥也哀伤地哭着离开了餐桌，而另一旁的母亲默默地看着这场争执，从开始到落幕。

这个扭曲的家，从未有过真正意义上的和睦。在玛丽的眼里，皮埃尔高大、英俊、雄健，是一个情圣。玛丽宠爱大儿子，超越了真正意义上的母子关系。她任由皮埃尔无故地伤害保尔和玛格丽特，纵容、溺爱渐渐成了玛丽原谅大儿子暴行的通行证。他像强盗、像流氓、像混混，在家里翻箱倒柜，搜刮家里所剩无几的钱财，毫无顾忌地挥霍，在母亲玛丽的庇佑下，尽情地无法无天。

皮埃尔是恶棍的代表，作为母亲，她无可奈何。正因为无法管束，才有之前送他去法国一说。这得以喘息的日子并不长，1927年10月，皮埃尔借探望生病的母亲为由，回了西贡。

　　在那段时间，玛丽收到了期待已久的抚恤金。她买了一栋小房子，用业余的时间补课，继而又向总督写信请求照顾和抚恤。她还酝酿着一个宏大的计划，就是买一块地，然后不辞辛劳地耕耘它。她想通过这块贫瘠的土地，来彻底摆脱贫困与压抑。

水稻女王的泡影

"这时候他问她：您是从哪儿来的？她说她是沙沥女子学校那位女教师的女儿。他思索了一阵，然后说他听说过这位太太，她的母亲，听说过她在柬埔寨那边买下了一块租地很不走运，是这么回事吧？是的，是这样的。"

——《情人》

《情人》中，中国情人一语道破那个不堪回首的往事。

是的，玛格丽特的母亲买下了一块租地，但很不走运。起初，消息来自一份"允许教师参与国有土地的竞标"的通报，这是一块特许经营的土地，是法国行政当局从越南百姓手中抢来的，然后再转让给企图梦想变成富翁的白人，而玛丽就是其中一员。她是个有野心却没有经验的人，那些地产代理人合伙蒙骗她，玛丽未经深入了解，就武断地把全部家当压在了这片租地上。

就是这所谓的特许经营的土地，玛丽独自高兴地拥有着，却不知大家都在背后耻笑她。她寡居，没有人撑腰，没有人保护，她是孤立的，在官员的眼里，给她一块毫无用处的土地既无妨碍又一举两得。玛格丽特的母亲不懂人情世故，不知道要偷偷塞些礼金给那些登记和丈量土地的人，或许她也曾想过，但她早已砸下了自己所有的私藏，因此也只能把所有的希望寄托在这片土地上。可她却不知，这根本就不算是块地，因为一年当中有六个月，这块土地都被海水浸泡着。玛丽为了一块抵挡不了太平洋海水的土地，付诸了二十年的积蓄。

1928年9月，她在沙沥被任命为女子学校的校长。当时沙沥是印度支那最美的城市，虽然路面不平，但风景绮丽。突兀的法属行政大楼和那些参差不齐的破旧小房形成鲜明对比，饱满的芒果垂挂在树上，老虎花悄无声息地疯狂滋长，旧式花园围绕着这片颓废的地域，透过小小的百叶窗能看见空旷的舞厅，似乎在等下一波的车水马龙。这富有生气的美，像是未曾被惊扰的世外桃源。沙沥的美，玛丽无暇欣赏，她更看重的是那块未被开采的租地。

这块租地离玛丽任教的地方很远，途经西贡，还需经过无数坎坷的道路，穿过遍地碎石的荒滩。停车、吃饭、休息、给散热器加水、修理被小石子捅破的轮胎，这麻烦琐碎的过程竟要两天之久。为了实现她宏大的梦想，她还雇用了五十来个工人，将他们安置在离大海仅两公里远的沼泽地附近，搭建了全新村落。在《情人》里，这个新搭建的地方被称为"般加庐"。玛丽这破天荒的阔气是可以理解的，也是平生少见的。

建造初期，大哥皮埃尔不在，玛格丽特与母亲还有小哥哥每次来这里，都要从所住的地方驶上公路，再加上四个小时的船渡才能抵达。他们一起住在茅屋里，紧靠着上等仆人住的草屋，他们和仆人同甘共苦，睡在草垫上过夜。虽然土地贫瘠，居住简陋，但这些丝毫都没有打消玛丽亟须改变一切的决心。

时间一天天过去，玛丽去永隆接回了大儿子，尖叫和暴力又继续噩梦般轮回着。为了方便去"种植园"，玛丽买了一部汽车，还雇了司机。开销越来越大。她像一位难产的孕妇，忍受着煎熬和疲劳，即便劳累，但还是满心憧憬。她压根不知自己即将产下的不是喜悦，而是厄运的开始。

玛丽总想着四年后会成为当地的百万富翁，可这只是个不切实际的梦。这八百五十公顷的土地都是盐碱地，第一次收成仅是几包稻谷。她眼见着这块亲力亲为的土地一夜沧海，都被大水冲毁，被海水浸入根部的稻根都被烧死，即便退潮，都已是无可挽回的败局。更让人跌破眼镜的是玛丽竟然还不死心，决定借贷三十万法郎修建一条堤坝，她天真地认为，这样就可以一劳永逸地阻挡海水的入侵。结果，所有银行都拒绝了她的贷款要求。面对巨额赤字的压力，她草率地找上了高利贷。

她修建堤坝的做法和买土地一样，都未经考量，也没有咨询过任何技术人员，仅仅是单纯的想法左右着她。她把自己当成女王，只听从自己。她亲自监督上百名工人，用了一个旱季的时间修建了这条堤坝。

"不幸的堤坝被海水冲上岸的蟹巢拱散。当第二年涨潮时，用松土固成的堤坝，由于蟹巢的危害，顷刻之间全部塌陷了。第二年又是颗粒无收。"

失败再一次向他们袭来，她血本无归，不得不选择放弃种植园，还得想方设法偿还那些吸血鬼的高利贷。久而，她才幡然醒悟自己是被骗了，她怒不可遏地写了一封信给地籍办事员，说自己十五年来，牺牲了一切，就是为了向政府购买到这块租让地。她感叹自己省吃俭用、耗费青春积攒下的积蓄，从政府那里换来的是什么东西呢？换来了一片浸泡在盐水里的荒滩（除了部分靠近路边地势较高用于建造村落的五公顷土地不会被浸泡），她将自己十年积攒的积蓄全部"孝敬"给了这残酷的现实。

不得不说，这样的结果都来源于她那不可救药的天真，还有那未经考量的决定。玛丽像是筑堆沙堡的孩童，一脸幻想地认定这就是未来的宫殿，即便风吹海冲，她也觉得这梦不会碎。悲哀的是，这是一场童话的构架，现实的垮塌。劳碌大半生的积蓄，玩票式地上演了一场人尽皆知的笑话。《抵挡太平洋的堤坝》中，玛格丽特说过，有两年的时间，玛丽一直教法语。可那时候，教法语和教钢琴收入并不是很高，随着孩子们长大，这些收入更是微不足道。

结局是三个月后，太平洋涨潮，一切化为了泡影。玛丽差点昏死过去，失去了理智，大家都认为她活不了多长时间了……

玛丽确实病倒过。医院遥远，医疗设备不佳，每次看病都要花上好几个小时。病中的玛丽安慰儿女："一切都会过去的！"诊治结果出来，说玛丽患有两三种癫痫病，阿德莱尔的书上称这种病为蜡屈症。这种病，有的时候会大喊大叫，有的时候又莫名的安静，不停的哭泣和嗜睡症似的昏迷。是钱压垮了她，置她于死地。

玛格丽特说她和小哥哥都很害怕，觉得母亲受到的惩罚，是因为母亲曾经爱过她们。孩子的天真和大人的天真是不同的，她不愿大人担负那种负累，她愿意说一切是因为她自己。

她有一首叫《堤坝》的诗，写在小学生的作业簿上，没有日期，是纯手稿。

等待如此漫长

太阳下

他们拖着沉重的脚步

为希望之链锁住

在小道上我等了很久

脚上的锁链，颈间的锁链

太阳下的脑袋

空空的胃，屁股上挨的棍子

可怜的米饭

铁铸的太阳

我饥饿的孩子

哦，家乡的平原

如此广阔满是

饥饿而死的孩子

哦，盐铸的太阳

哦，我的家乡，我唯一的命运

　　租让地事件虽然让玛丽的积蓄付诸东流，但基于这些素材，玛格丽特写了《抵挡太平洋的堤坝》这本书。这是她人生中的第三部小说，也是她被读者肯定的小说。玛格丽特因这本书变得成功和富有，她用勒内·克雷芒改编电影付给她的版权买下了诺夫勒的房子。

　　可在当时，她和小哥哥还是要面对那些工人。只要她母亲一犯病，那些干活的人都想走，因为他们害怕拿不到工钱，一直徒劳下去。他们围在殷加庐边上，在周围的小土坡上坐着，窥视着里面那个呼吸微弱的女人。森林渐渐隐去，比起黑暗里的犬吠，这些围坐的人更加可怕。他们古怪的面庞，仿佛是在控诉这徒劳的工作。

海水不痛不痒地漫上来，一切是如此平静，又如此的摧枯拉朽。这时候，玛丽一家需要的不仅仅是安慰，还需要有一星微弱的力量。小哥哥保尔有时候会出去，让那些工人放心，告诉他们他的母亲还活着，并没死。他们很难相信一个小孩子的话，但是小哥哥发誓说，如果他的母亲死了，他会把他们领回交趾支那，不惜任何代价，也要还清他们的工钱。

那一年的保尔才十三岁，可在玛格丽特眼里，他已经成为前所未见的最勇敢能独当一面的人。他让她放心，并说服她，他坚信母亲会活下来。的确，玛丽在太阳落山的时候，醒来了。

在此，我们看见了与《情人》里不同的小哥哥。他顽强坚忍，像一个男子汉，而不是那个在大哥面前哭哭啼啼的少年。苦难的弹簧，就这样爆发出了张力。

可一切并未结束，大哥的阴霾渐渐袭来。

禁忌之爱

缪塞在《西方美术史》的序言上写道："我爱着，什么也不说；我爱着，只我心里知觉；我珍惜我的秘密，我也珍惜我的痛苦；我曾宣誓，我爱着，不怀抱任何希望，但并不是没有幸福，只要能看到你，我就感到满足。"这句话很贴切暗恋的情愫，更适合玛格丽特，因为她爱上了小哥哥，这份爱跨过了亲情的栅栏，超越了伦理的界限。

有人说她人生的第一次性经验来自她的小哥哥。在《来自中国北方的情人》中，她打破禁忌，跟小哥哥保尔做爱了。对这部作品，质疑声和鄙夷声此起彼伏，读者不相信这是真的。但她说，她之所以这样写出来，是因为这是真的。

对她而言，只有写作能代替事实。她说："写作是审判确实发生过的事情的绝对法庭。现实、巨大的幻想，对作家来说，是同样的写作素材。"

他们一起去河边的森林中打猎。寂静的森林中偶尔传出几声动物的叫声。他们两个，一直都是彼此牵着对方的手，像走向圣洁教堂的男女，不畏议论的风声，不惧母亲嘴里"孩子们的丑事"。

"有一次，事情发生了。他来到我床上。我们兄妹之间彼此是陌生的。我还很小，只有七八岁。他来了一次，以后每天晚上都来……"

这会让人想到她在金边的小男孩事件，会不会是创伤性记忆造成的呢？

答案应该是否定的。

在《情人》里，她和保尔一起跳舞的时候，就略微可以看出端倪。那是挑逗，那是爱抚，他们俩浓情蜜意地搂着对方，用隔着布料的肢体相互摩擦着彼此的敏感带。音乐遮掩着他们彼此间无法撕开的欲望："我对小哥哥所怀着的这种疯狂的爱，对我来说，依然是一个深奥莫测的秘密。我不明白，为什么我爱他会爱到这个地步，甚至想跟随他一起死去。"

他们爱如往昔，如薄暮云霞中冉冉升起的朝阳，如闪烁星光中浅浅衬起的鹅黄月晕，那么自然。他们悄无声息地背着母亲和大哥来到丛林深处，星空是他们爱的见证，丛林是他们交欢的护卫。他们生涩而隐晦地摸索着对方，未知的一课在旷野中暴露着，野外的危险已经无法超越他们两人身体里爆发的强烈信息，他要她，她也要他。

他小心翼翼地解开她的衣衫，拨开紧贴的发丝。玛格丽特在瑟瑟发抖，她紧张害怕的同时，又无法压制自己也想拥有他的想法。小哥哥把她融进自己的身体里，什么妹妹，这是我爱的人，我灵魂深处的女人……

小哥哥享受到了乐趣，他把什么都忘记了，他幸福地哭了。玛格丽特也哭了。他们这种摒弃伦理的探索，从好奇延伸到了性爱的狂欢。

她一夜蜕变，从生涩的小女孩蜕变成了熟知情欲的女人，小哥哥有的时候会把委屈变成更为凶猛的占有，妹妹在身下忘情地呻吟着。这一刻是静止的，全世界都停下了节拍。

我中有你，你中有我，他们是欲望的交织，是同情的交叠，不同于其他的情侣，他们是禁忌之恋。那些压抑在痛苦和残暴下的委屈，是让他们更为惺惺相惜的纽带，哥哥爱着她，她也想保护他。所以，每当看到大哥欺负小哥哥的时候，她就像满血复活的杀手，恨不得立刻杀死大哥。

"当我十八岁的时候，突然发生了一件事，使我在这个年龄更加干枯、衰老。事情是在夜里发生的。我当时真害怕我自己，也害怕上帝。只是到了白天，我才不那么害怕，死亡也不显得那么沉重。但是死神的魔影仍不离开我。当时我真想把我哥哥杀了，真想把他杀掉。我真想制服他，就是一次也罢，然后看着他死去。那是为了当着我母亲的面，除掉一件她心爱的东西，就是她这个儿子。他恩将仇报，惩罚母亲，却是因为母亲对他的厚爱，同时，我想也是为了从哥哥的手里拯救出小哥哥的生命。"

大哥发现了保尔和玛格丽特的私情，他没有阻拦，而是在深夜来袭时，偷偷爬上妹妹的床，意图强暴她。懦弱无能的小哥哥充满委屈，却默默忍受。他惧怕大哥，他痛恨自己，压抑自己。

"哥哥可以说是小哥哥身上一块遮着阳光的黑布，是一个无法无天、为所欲为的人。他虽属人类，却行禽兽之道。在我的小哥哥有生之年，他无时无刻不在我们的生活中制造恐怖，而当这种恐怖触及他的心灵的时候，即令其丧生。"（《情人》）

是啊，想杀掉他，制服他，因为他大哥在她十八岁的时候强暴她。她无力抵抗，对母亲那偏袒的漠视更为痛恨，母亲的纵容比谩骂羞辱更为可怕，因为那表明她是麻木的。玛丽看着自己的小儿子在默默忍受，看着他们相互厮打。她是夜深人静中诡异的巫婆，在毫无愧疚地看着这部"悲惨世界"一幕幕上演，一夜夜落幕。小哥哥的懦弱来自这个家，小哥哥的悲剧也源自这个家。他们都恨着那个凶残野蛮的大哥，但比起凶残的大哥，他们更恨那个冷血无情的母亲。只有苟延残喘，才能在这样的家庭里生存得坦荡而拔尖。或许世事就是这样的难以捉摸，命运就是如此无可预料。或许大多数人已经习惯用放大镜去观察所谓的渺小，但在渺小之处，人们又显得如此浅薄，甚至容不下一粒尘埃。

兄妹乱伦，兄弟不和，强暴、蛮横、漠视，这些不可解的诅咒，成就了心酸的浓重一笔。谩骂、同情、理解和讽刺都已经不重要了，就像

《情人》里的玛格丽特用母亲的口吻对自己说："你不应当为他痛苦。作为母亲，说出这样的话来的确很可怕，但是我还是要对你说，没有必要。"

　　水稻女王的富翁梦一夜幻灭，就此打破。现实击碎了万花筒，她已处在崩溃边缘，女儿是她唯一在失败下还能重拾信心的动力，是危急关头时还能想起为她撑足面子的怀想，那是她仅剩的荣光。她安慰自己，那些失去的终会回来。

　　1929 年，玛格丽特的母亲决定让女儿就读西贡的夏斯卢—洛巴公立中学。玛丽觉得自己的女儿非常优秀，不用担心，她认定女儿是能继承她教师衣钵的唯一人选。

　　可那时候的玛格丽特是叛逆的，她缺课，不合群，成绩不理想，甚至还能把书包扔到老师的脸上。零蛋的分数、教导处的惩戒，这些都是她任性的苦果。这是她读书时最低潮的阶段。周边的质疑声越来越多，玛丽对自己女儿的信任却没有动摇，这非常难得。"我法文考第一名。校长告诉她说：'太太，你的女儿法文考第一名。'我母亲什么也没有说，一句话也没有说，她并不满意，因为法文考第一的不是她的儿子……"

　　"她不管我的小哥哥，甚至说他不聪明，把希望都寄托在我身上，她认为我具有学习的天赋，比小哥哥强。"玛格丽特曾跟母亲坦言说，自己喜欢写作，但是玛丽很反对，觉得写作并不能带来什么，她觉得这是一种肤浅没有作为的理想。在玛丽心里，那个妄想成为印度支那最勇敢的猎手而日日不见踪影做野人的小儿子，实在没什么让她可喜欢的，而大儿子即便天天蜷缩在烟榻上吞云吐雾，游手好闲，致使家里债台高筑，还偷仆人的钱抽大烟，玛丽也纵容着。丝毫不受宠爱的小儿子，依然过着他悲哀的猎人生活。比起放养般的养育，那种抛弃式的亲情更令他绝望。

玛格丽特知道自己并非不聪明，只是没有找到适合自己学习的方法，她一脸茫然地对着这些无法融入的人或事物。起初，她只对数学着迷，但到了后面，让她信心满满的数学也名落孙山，这对玛格丽特来说是很让人沮丧的。玛丽为女儿找了一户寄宿的人家，让她住在那里。而《情人》里说的里奥泰寄宿学校并不存在，真实存在的是一个 C 小姐，玛格丽特不喜欢她，甚至把她写入了《蟒蛇》中，称她为"长鬈毛"，一个花枝妖艳却得不到性满足的老处女，说她是宁可不吃饭也喜欢在玛格丽特面前半裸着身子的变态自恋狂。

玛格丽特说她在用《蟒蛇》表达 C 小姐的创伤，徐徐渐进，直至糜烂。在书中，C 小姐的左边乳房得了乳腺癌，C 小姐只给玛格丽特看左边的乳房，让她欣赏那个满目疮痍终将腐烂的左乳，她总是说："你看。"玛格丽特说："是的，我看。"看那破败渐衰的肢体，如末日流沙，毁灭在生之尽头。一切都是精心烹制的创伤，就像玛格丽特总喜欢在寄宿的时候敞开自己的乳房观赏。"我的乳房很干净，很白。这是在这所房子里，我身上唯一让我感到愉快的东西。"

是报复吗？她不喜欢 C 小姐，所以才把她的乳房写得那么不堪吗？

一切不言而喻。

"我从来没有融入过某个地方，虽然我原本可以感觉比较自如的，我总是在等待，在寻找另一个地方，另一个时间上的安排。我从来没有到过我真正想去的地方。"（《物质生活》）

颠沛流离的生活，使她不知道哪里是她找寻的地方，虽然她在印度支那度过了短暂的童年和少年，但从"我从来没有找到过我真正想去的地方"这句话里可见，她并不觉得这个短暂停泊的地方是她真正想停留的，她只是依恋并非久居，所谓的久居也是她后来定居买房住的诺夫勒。这个 C 小姐的寄宿房充斥着她的厌恶，亦如她还没有融入的校园生活。

高二时期，玛格丽特异军突起，整个中学都在念她的作文，老师甚至都拒绝打分数，因为写得实在太好，但玛格丽特说，自己并没有读过法国文学。像是一夜蜕变，她又成了优秀的学生，她不再担惊受怕，能坦然自若地把自己的作业本给母亲看。看着因为成绩而失声痛哭的母亲，玛格丽特都想上前去拥抱她，虽然她深知母亲痛哭只是因为对自己孤注一掷的押宝有了日渐提高的成效而高兴，富翁梦虽然破败了，但是为她撑足面子的女儿又逆袭回归了。

之后，玛丽又安排了一次住宿的搬迁，这次玛格丽特搬到政府的寄宿宿舍，原因就在于有奖学金。玛丽每天都在精打细算地节约生活开支。虽然玛丽和小哥哥有的时候会来看她，但是玛格丽特嫌弃母亲的穿着，并不希望母亲来看望她。

"我的母亲，我的亲人，一个不可思议的穿着杜阿姨缝制的棉线长筒袜的怪人。在热带地区，她还自以为作为女校长就应该穿着长筒袜。她的连衣裙也不成体统，浑身都是褶子。"有人的地方就有议论，正是敏感期的玛格丽特是羞涩的，她讨厌别人窥视的目光，讨厌人们把她当作议论的焦点，而那个穿着不堪的母亲，令她很不自在。因为与孤独为伍，与学习为伴，腼腆而害羞的玛格丽特期望自己是被玻璃隔绝的物种。但她却忘记了，透过玻璃是更为直观的袒露，越加遮掩，就越加显露。

十四岁的玛格丽特穿着搭在膝盖上的连衣裙，刚刚发育，乳房微微隆起，戴着那顶男士毡帽，像避之唯恐不及似的拿着小包，蹬着皮鞋，小心翼翼地低着头走路，胆怯如过街老鼠一般，她觉得有一股无尽的羞耻和难以填补的无奈使自己化了妆的面孔显得更为苍老。

阿德莱尔笔下的德尼斯·奥约说，那个瘦弱、漂亮、长发编成辫子的玛格丽特是和善的，合群，数学非常好，好到所有男孩有不会的题目都会来问她，但她很保守，不爱说话，甚至给人一种高高在上的感觉。其实，她不是高高在上，她只是不想让同学记得她，她怕有被嘲弄的一天。这样有一定距离的相处就很好，不必互献殷勤，不必互相攀比，不必假惺惺。

在她的学校里，都是日渐小有名气的孩子，有些还是行政官员的子女，也有越南人。那些白人也会有越南人追求她们，但是她们觉得很尴尬，因为不会有发展。他们属于"从来不会蔑视安南人，但出了学校门，就再也不想和他们接触的一代"。与其产生感情，倒还不如不相识。所以，玛格丽特说："像进入地狱那样，苦不堪言。"这被催熟的心思，压抑着年幼的她，也给她在文采上带来了一股萎靡的气息。好的一面是她过早地跨越了现实，悲哀的是，她也过早地领悟到了现实。

03

Chapter

第三章　来自中国北方的情人

湄公河的男人

西贡是个很复杂的城市，白人女孩基本上在放学的时候都有专门接送的司机在校门口等候着。但玛格丽特是个例外，当时她住在沙沥，来回往返于西贡与沙沥之间。在1929年末，也正是因为这样的往返，使玛格丽特遇见了他。

"我还小。"

"多大了？"

她按照中国人的计算年龄的方式回答他："十六岁。"

"不，"他微笑着说，"这不是真的。"

"十五岁……十五岁半……行吗？"

"行。"

这个他，就是她在湄公河上遇见的中国情人。

他的真实名字叫黄水梨（Huynh Thuy Le），但大家都叫他莱奥。玛格丽特形容他是跳梁小丑，因为他又矮又瘦，双肩垂下，她一语论定他一点都不好看，比一般的安南人要丑陋得多。但他是在印度支那地区坐拥五千套住宅的中国富商的儿子。

因为家住沙沥，玛格丽特要返回西贡学校，中途需要搭乘一艘湄公河支流的渡船。正是在这渡船上，十五岁半的玛格丽特遇见了坐在豪华轿车上的莱奥，他们相识了。

在渡船上，玛格丽特穿着茶褐色真丝连衣裙，戴着一顶男式毡帽，细细的麻花辫下用一条简易的鞋带样式蝴蝶结系着，俯身靠着渡船的舷墙。细密的清风拂过，微微洞开的上衣领口在风吹下拂动着，脚上蹬着一双镶金条带的高跟鞋。这条船上大多是衣着褴褛的越南人，浓烟飘散，摇铃晃动，她俯身凝望着汹涌浑浊的河流从她面前流过，卷带着泥土的浑浊河水把杂物一并带走，漂浮着杂木、水牛、茅屋的废料、长满风信子的草垛等等。

在一辆大汽车的旁边，穿着白色制服的司机从那辆高档的黑色利穆新轿车上走了下来。这辆车用滑动的玻璃窗将司机和主人前后隔开，里面有个的男人坐在折叠式的座椅上直勾勾地看着那个靠着舷墙的女子。他是穿着一身生丝西装的亚裔青年，他看着她，看着她……

他脚上是一双褐色皮鞋，走下车，他拿白汗巾擦拭了下，步履轻缓地靠近女子身边，紧张到手发抖地拿出烟盒问她："小姐，你抽烟吗？"她拒绝了。他很小心翼翼，他不知道如何跟这个法国女子沟通，颤抖的手掌和紧张的面庞都泄露了他的不安：她会不会喜欢上我呢？

他夸赞她的男士毡帽，甚至语无伦次地夸赞着她。她终于注意到他，问他是谁。

他告诉她，他是河对岸那个蓝色石屋的主人。对于紧张的他而言，富有是他最不紧绷的话题。他腰缠万贯，富甲一方，是从巴黎留学回来的富二代。他还提出了邀请："我可以载你到西贡。"意思是可以用那豪华的利穆新轿车接送她。

他们开始议论起行政长官的妻子，还有那个自杀的男人，他俩谈论着那个人的真实性，质疑着这个人是否存在过。

他们不是爱人，因为玛格丽特并不爱他，至多是她人生艳遇中袒露的一笔。坐在那个小房子似的车厢内，他征询她的同意后，又抽了一支英国香烟。她看着他手上的那枚大钻戒，在《抵挡太平洋的堤坝》中，钻戒是带有挑逗的性暗示装饰品。当她想到以往带着钻石戒指对她不理不睬的人，这个夸赞她是个漂亮姑娘的中国人，实在让她受宠若惊。

她对爱的渴求从未停止，而在此刻，她更享受的是被怜爱的感觉。

那辆黑色的轿车不急不缓地行驶着，道路两边是绿色延伸的棕榈树、椰子树和芭蕉叶丛，车身卷带着飞扬的尘土。下定决心的中国人，手缓慢地伸向坐在一边的她，小拇指轻轻碰触地试探，看见没有拒绝，继而抚摸上她青葱雪白的掌背，再用宽大的掌间，像梳子般一个个交叉而下。她闭着眼，感受这微妙的一刻。西贡到了，繁华来不及注视，他的手已经伸向她的腿间。车停了，他们的脸上都挂着销魂过后又略带无措的羞涩。

书中，那个负责带她回沙沥的医生把她送到了寄宿学校，而莱奥说他们还会再见面。她深知她被他的钱诱惑，虽然没有正面回答他，但是她已经开始动摇了。

电影里，她下车，她给他说了句再见。他什么也没说，恋恋不舍地隔着车窗看着她走了进去……

上面两种诠释，我更喜欢书里那种坦诚无比的心境。她深知自己不是真心爱他，她爱的只是他的钱。书中这种直观上的冲击和电影版朦胧中的若即若离，我更倾向于书里的那个她，逼真，却令人心生理解。

第二天午休时，她听见窗外刺耳的喇叭声。她知道是莱奥……他乘着那辆黑色轿车途经她住的地方有三十五次。她数得很清楚，因为每次在她房子前都能感受到车速减慢，但从未停下。直到她下午去上学的时候，她看到莱奥倚着车门在路口等她，依旧是那套生丝西服，她还是那条真丝茶褐色的连衣裙。电影里，她靠近莱奥的轿车，嘴角微扬，眼色迷离，似吻非吻地靠近他，靠近他……虽然隔着透明的车窗玻璃，但是那个中国男人早已经心乱如麻，缓缓闭上双眸，为自己那掩饰不了的情欲而失措。

　　她似乎迷上了莱奥的黑色轿车，又坐了上去，一上车就问他车子的品牌和价格。那庞大的数字，对她家而言，是要分好几次才能付清的巨款，而莱奥太幸福了，对他而言，钱不过是信手拈来的东西，他最不缺这个。相反，玛格丽特却很需要，她以他的车为荣，她打算让大家都能看到这辆车，于是刻意站在车前，生怕同学没有注意到此刻不一般的她。

　　是小女生的虚荣心作祟还是贫穷女对钱的无限渴望，总之，她当时就是悔恨的，因为她把自己深陷到一阵耳鸣又混沌的状态。

　　"我将有一辆利穆新大轿车送我去上学，可我也将永远生活在悔恨之中，悔恨我的所作所为，我所获得的一切，悔恨我所抛弃的一切，好坏都一样，让我感到悔恨。"（《情人》）

　　这件事情她来不及阻拦，像有燎原之势，很快传遍了西贡。来不及懊恼，来不及反思，虽然他有豪华的轿车，但不幸的是，他是一个中国人。玛格丽特的母亲让女儿对天发誓，绝不能以身相许，但同时又默许这种交往。债台高筑的玛丽，不得不面对入不敷出的生活。风刀霜剑相逼的日子，她忍受着逼迫式的生活，越加把自己磨砺得粗暴。她是孤独的女人，得不到认同，又拼了命地伪装着幸福的假象。人生里最黑暗的时光莫过于深受贫穷的折磨，还要将这贫穷的惨状加以遮掩，以维持那表里不一又众人皆知的假面具。处处格格不入的母亲备受女儿嫌弃，玛格丽特以母亲为耻，她们互相厌烦着对方，母亲也不再去看望她。母亲对这段关系的默许，她的"自由"……都让她觉得悲哀，悲哀自己像个白人妓女一样解放着肢体。

这样的种族和家庭背景都无法契合的"交往"是不被看好的，虽然她的初衷只是为了他的钱。因为他的钱，她才有欲望；因为他的钱，她才能"爱"他。如果他贫瘠、褴褛，食不果腹，她是不会正眼瞧他的，因为她受够了那样的生活。除了钱，她一概不爱。

不被看好的"恋情"还在持续着。她观察着莱奥，想方设法套问他的财产。他说他大概有五千万法郎的不动产，散布在整个交趾支那，他是独生子，这巨额的财产非他莫属。这样保守的估价，已经让她神魂颠倒，想入非非。她之所以将湍急的河流写得那般浑浊和隐晦，设计了那么多的漂浮物，是她想用笔下的洪流冲走那些令她感到窒息的灭亡。而这气势恢宏的河流汇聚一端后，却是将要来临的更为咆哮的冲击，是轰动的"爱情"。

> 整条怒江或许是一人的眼泪
>
> 你美得让浪子回头
>
> 让它像个姑娘

这段概述玛格丽特的三行情书，让我们领会到，她的美让莱奥魂牵梦萦，辗转反侧。这个隐秘而忧伤的女孩，总是不加掩饰地表露着她不符年龄的成熟。欲迎还拒的忸怩、炉火纯青的洞悉，这样大胆且不做作的女孩，在当时闭塞的越南是少见的。莱奥说过，他讨厌巴黎这个城市，甚至讨厌巴黎姑娘。他有很多钱，见过各种各样的女子，这样情场上的浪子，却定格在此刻。他爱上她，"芳心暗许，目送秋波"。

"从最初的一刹那开始，她就知道是怎么回事，她明白，他已经受她的支配。纵然不是他，就是换一个别的男人，当机会降临的时候，也同样会任由她摆布。她同时也知道事情的另外一面，从今以后，令她身不由己的时刻已经到来，她将无法摆脱自己应尽的义务。"她把将要面对的事称作是应尽的义务，可见，她并不向往这一刻的到来，甚至是抗拒的。

玛格丽特描述过她被莱奥偷吻的过程。下课后，他依旧站在校门口等她，他带她去沙沥度假，路上，他控制不住自己想拥抱她的欲望，他抱着她，她枕靠在他身上。就在这天晚上，莱奥突然失控，吻上了她的红唇，她没有防备，虽然触感柔软，但她觉得恶心。她推开了莱奥，不停地吐唾沫，甚至第二天都还在吐。莱奥很愕然，问她："我让你倒胃口吗？"

她在心里答复自己："确实。"这是未在自愿下的强占，让人觉得像被占了便宜一样。

莱奥理解似的说："我明白我让你倒胃口了，你没必要掩饰自己。"见此，她哭啼起来，同时又故作扭捏地说："我很笨拙，因为这是我的第一次。"

莱奥闻听，更加激动地搂抱着玛格丽特，亢奋地说："你真让我痛不欲生。"

这句话的深层含义是："我情愿死在你的手上，不管你是要生吞还是活剥，我都任你处置。"

落入爱情沼泽的人，大多缺乏看清真相的智商，世上能有几个不昏头？

爱的火焰一旦燃起，谁都无法阻拦它的炽烈。

中国城里的小房子

在一个慵懒的星期四下午，她坐上那辆黑色轿车，拂风驶影，绿叶在光下闪烁着铜亮的光泽。他们走到一个回荡着烧肉味和茶叶香的深巷中，漫天尘土和浓重煤气味扑面袭来。

这是中国城。他带她走进了一间蓝色的小房子，灰暗的光线从百叶窗中倾洒而下，简易的家具，零落的摆设，几盆未浇水的树根盆景。屋外的公鸡鸣叫，车夫的吆喝声穿梭而过。寂静的屋里，两人都局促不安。

"整个房间都被包围在这些嘈杂的声音之中。而他，正在那里发抖。首先他看着她，似乎要等她开口。可是她一言未发，于是他也就不再动了。他并没有去脱掉她的衣服，他只是对她说，他爱她爱得发疯，他说话时声音压得很低，然后他便缄默不语。她没有回答他的话。她满可以对他说她并不爱他，可她什么也没说。突然间，她顿时意识到他并不了解她，并且将永远不了解她，因为他浅于世故，也不懂得去绕那么多圈子把她抓住，这一点他将永远也办不到。只有她才能懂得这一切。只有她心里是明白的。"（《情人》）

"他从不勉强我，他知道我还是一个处女。"

他不勉强玛格丽特，只对她的腰身、头发、鲜嫩的脸颊感兴趣。

"他可怜我，我说不，我并不可怜，除了我母亲，谁也不可怜。他对我说：'你之所以来，那是因为我有钱。'我说我喜欢他，同时也喜欢他的钱。"她明白，她爱上的是那辆利穆新轿车，而不是他。

"我清楚地记得，房间里光线很暗，我们都没有说话，房间四周被城市那种持续不断的噪声包围着。城市如同一列火车，这个房间就像是在火车上。窗上都没有嵌玻璃，只有窗帘和百叶窗。透过窗帘，可以看到外面太阳下人行道上走过的人。行人熙熙攘攘，人影规则地被百叶窗横条木划成一条条的。木拖鞋声一下下敲得你头痛，声音刺耳，中国话说起来像是在吼叫，总让我想到沙漠上说的语言，一种难以想象的奇异的语言。"（《情人》）

"我不想你滔滔不绝，照你平时的做法吧。"她深知坐上他的车的那一刻起，这一天总会到来，局促紧张感围绕着他们，他占有性的目光像宽大的手掌缓慢地剥离了她的裙子。

望着她的胴体，他挪开她遮挡在胸前的双手。他们在这间幽暗的房子里，相互亲吻着，抚摸着。小手轻轻为他宽衣，为他解扣，他的躯体弹性、丝滑，但并不强壮。缺乏阳刚之气，但是却生机勃勃。

她给他说起了她的两位哥哥，说他们没有钱，说哥哥会偷母亲的钱去抽大烟，说那个毁了母亲的堤坝……结果，他都知道，他说他在镇上的烟馆看到过她大哥，说起过那个堤坝……他们并不隐瞒，裸露之下，是坦诚相交，可是这种坦诚对她而言，不过是祭奠在贫穷床上的献礼，只会让她感到更为厌恶，落差比种族的差异更令她羞愧。

"他大概经常到这个房间来，这个人大概和女人做爱不在少数，他这个人又总是胆小害怕，他大概用多和女人做爱的办法来制服恐惧。我告诉他，我认为他有许多女人，我喜欢我有这样的想法，混在这些女人中间不分彼此，我喜欢我有这样的想法。我们互相对着看。我刚刚说的话，他理解，他心里明白。相互对视的目光这时发生了质变，猛然之间，变成虚伪的了，最后转向恶，归于死亡。"（《情人》）

玛格丽特说，写作像风一样吹过来，赤裸裸的。它是墨水，是笔头的东西，它和生活中的其他东西不一样，仅此而已。

而生活以外是什么，对玛格丽特而言，除了写作就是爱情，可她又曾否决过爱情，说爱情并不存在，男女之间有的只是激情，在爱情中寻找安逸是绝对不适合的，甚至是可怜的，但又认为，如果活着没有爱，心中没有期待的位置，那是无法想象的。

她抗拒爱的同时，更渴望爱，渴望被爱。

"吻在身体上，催人泪下。也许有人说那是慰藉。在家里，我是不哭的。那天，在那个房间里，流泪、哭泣，对过去，对未来，都是一种安慰。我告诉他说，我终归是要和我的母亲分开的，迟早我会不再爱我的母亲。我哭了。他的头靠在我的身上，因为我哭，他也哭了。我告诉他，在我的幼年，我的梦充满着我母亲的不幸。"

玛格丽特终生都在找寻那躲藏的母爱，她呼唤着，渴求着，浓浓地搅动着心底炙热的恨意。它汹涌来袭，燃烧着她的孤独与绝望，散发出最原始的怒吼，连压抑在心底那饥渴的性欲都无法抵挡。

寻欢作乐渐渐失去了原有的味道。他们有了夜生活，他带她去了高档的中式餐厅，她一边大快朵颐一边对他说，如果哥哥知道她和中国人睡觉会杀了他。他却告诉她，他们虽然发生过关系，但不可能成为夫妻。她尴尬地强笑，继续吃着碗里的菜。她看他从皮夹子里拿出大额钞票放在桌上，她死死盯着，仿佛那躺着的钞票就是她。夜晚，躺在宿舍床上的她，眼睛闪烁着泪的光芒。

"我问他，像我们，总是这样悲戚忧伤，是不是常有的事。他说这是因为我们在白天最热的时候做爱。他说，事后总是要感到心慌害怕的。他笑着说：'不管是真爱还是不爱，心里总要感到慌乱，总是害怕的。'他说，到夜晚，就消失了，暗夜马上就要来临。我对他说，那不仅仅因为是白天，他错了。我说这种悲戚忧伤本来是我所期待的，我原本就在悲苦之中，它原本就由我而出。我说我永远是悲哀的。"（《情人》）

"小姑娘没有被强奸，是母亲把她送给情人的。"这是玛格丽特和克洛德·贝里在筹拍《情人》时表述的对母亲的看法。她不赞同自己女儿跟一个中国人在一起，即便他有钱。但比起富有，他们自认高贵的血统是不容许他们和华人在一起的，因为那是堕落可耻的行径。

玛丽癫狂地撕碎女儿的衣服，抽打，辱骂，像狗一样反复嗅着女儿身体的气息。玛丽觉得，那种淫靡的体味，就像妓女的身体里残留着的与嫖客温存的证据。肮脏、妓女、骚货、下贱……母亲的嘴里喷吐着这些词汇。她压抑着内心的悲伤，对母亲说："我只是为了钱。"

之后，玛丽并没有对女儿和莱奥的来往进行实质性的阻拦，反而反复提醒女儿不能和他发生性关系。她这是在变相默许着女儿继续与中国情人来往。因为他有钱，他们都需要钱。

"我和他一起是为了钱，我不能爱上他，因为他是中国人……我们暂停情侣关系，他虽然坐在我的身旁，但对我不再重要……他的存在令人觉得羞愧。"她的母亲和两个哥哥都索要着莱奥的钱。母亲会传达给女儿需要用钱的地方，她麻木似的接受指令，巧妙地放低姿态央求着莱奥，毫无羞耻地接受着他送的礼物和固定的资费。贪婪的索取下，莱奥越加像一个嫖客，在享受后，惯性地给予"嫖资"，而"母亲讲着，说着，讲到那种大出风头的卖淫，她笑出声来，她又讲到丑闻，讲这种微不足道的可笑的事"的时候，她终于感觉到了羞耻，甚至是无地自容的羞愧。

人们常说"笑贫不笑娼"，但这样又贫又娼的末日，让她觉得自己已经被附着在不幸之上，被摧毁了，还不如死了好。

"他拿我当一个妓女，一只破鞋。他对我说，我是他唯一的爱情，而这当然是他应该说的。因为当你任凭他胡言乱语、为所欲为，当你身不由己、任其随意摆弄竭尽百般猥亵之能事的时候，他会觉得什么都是精华，没有糟粕，所有的糟粕都被掩盖起来，在情欲的推动下，全都并入洪流之中流走了。"无法抗争才能任其随意，她发出了新的感叹，"如果我不是一个作家，会是个妓女。"

不排除很多的可能性，但这个时期，应该是给她在文学和情欲上都带来新的感观认知。玛格丽特或许会觉得妓女并不可耻，但也绝不高尚，她接受这个所谓的肮脏字眼，她不需要被认同，她愿意在自己的笔下沉沦。

随着流言四起，谩骂荼毒的子弹射向她备感孤独的心。同学的有色眼光，身边人睥睨的坏笑……她被人说成是西贡最年轻的腐化女人，是能为了钱丧失自尊的下贱妓女。甚至同学和学监都性骚扰她，她演变成大家眼里最随便的坏女孩。莱奥常常这么说她，因为她让他感到了自己的无能，即便他挥金如土，纵容她，宠爱她，但还不如那肮脏的钞票，来得更让她欢喜。

中国情人曾经邀请玛格丽特的家人共进晚餐，她的大哥点了饭店里最昂贵的红酒和西餐。莱奥热情澎湃地说着他家的变迁史，他们毫不关心，也互不交谈，只是低着头狼吞虎咽。中国情人一脸尴尬地面对着他们，与往日的光鲜亮丽相比，这些毫不优雅的法国人更令他感到可悲和无趣。

杯盘狼藉，一顿饱食，他们贪婪地坐着，母亲假寐着，服务员拿来了账单给她的大哥。大哥瞅了一眼，没有一丝尴尬地把账单推向了莱奥，就连玛格丽特也丝毫不扭捏地把账单放在了他旁边。莱奥拿出钱包，刷刷刷的钞票声，那个半睡眠状态的母亲醒了、笑了，玛格丽特也发出了冷笑声。

"我的两个哥哥根本不和他说话。在他们眼中，他就好像是看不见的，好像他这个人密度不够，他们看不见，看不清，也听不出。这是因为他有求于我，在原则上，我不应该爱他，我和他在一起是为了他的钱，我也不可能爱他，那是不可能的，他或许可能承担我的一切，但这种爱情不会有结果。因为他是中国人，不是白人……有我家人在场，我是不应该和他说话的。除非，对了，我代表我的家人向他发出什么信息，比如说，饭后，我的两个哥哥对我说，他们想到泉园去喝酒跳舞，我就转告他说：他们想到泉园去喝酒跳舞。"（《情人》）

莱奥起初想假装没听明白，他只想和玛格丽特静静地待一会儿，但他被搁置一边，除了被动，还是被动。莱奥忍耐着这活受罪的每分每秒，最后选择了满足他们的要求，去跳舞喝酒。

激昂的舞步，狂放的笑声，他明显感受到自己是个多余者，"两个哥哥都看不起莱奥，他们总是显出一副高高在上的样子，也不说话。母亲则和善而悲伤地微笑着，看着她的孩子骄傲地跳舞……"

玛格丽特和小哥哥相互搂抱着对方，跳着快步，莱奥明显感到他们之间不寻常的火花，他相当窝火。刚才还在癫狂发笑的母亲，看着自己的子女，在莱奥面前哭了，"先生，请原谅他，原谅我们，我教子无方，应有此报应。应该受惩罚的人是我……"实际上，玛格丽特的母亲不会忏悔，玛格丽特在越加枯竭的亲情里饱受着伤痛和残缺，忍受着野蛮和殴打，但这无损玛格丽特对母爱的奢求。所以，在爱的渴望下，她篡改了不公的命运，在电影里还原了一个母亲应有的自省。

舞会结束，他和她又回到了那个私密的小房子，她看到他不动声色的怒火，她紧张地搓着掌心，不敢直视他那阴鸷的目光。突然，他凶狠地掌掴了她的左脸，用力把她推倒在床上，像对待妓女一样，没有任何前奏，就粗暴地闯了进去。她一脸痛苦地仰躺着，像具活着的死尸，一声不吭。他粗鲁地发泄着他的愤怒、妒忌还有鄙夷，但却在最后一刻退了出来。因为比起强暴，她的无所谓，更让他觉得恶心。他一脸嫌恶地抽起了烟，而她则晃动着雪白的细腿问："我刚才的表现值多少钱？在妓院，你需付多少钱？"

他问她："你想要多少？"

她对莱奥说："我妈要五百皮阿斯特。"

他起身，从衣服的皮夹里拿出一沓钱，狠狠地摔在小桌上，也像摔在她的脸上。

"我几乎总是生活在一种罪恶感之中，而这一切只能增加我的傲慢和恶毒，因为我很骄傲，我不愿意表现出悲伤的样子。"很多时候，她只能伪装着自己，她不想这么活着，虽然一切都是不情不愿，但她还是照做不误。

第二天，雨声犀利，她把莱奥丢给她的五百皮阿斯特交给了母亲，母亲很自然地塞进包里，随后走向校长办公室，请求校方同意让自己的女儿可以在晚间外出活动，不要限制她回来的时间，而且晚归也不会影响她优秀的成绩。还说自己的女儿喜欢自由，如果不自由，她会离家出走。就这样，校长接受了玛格丽特母亲的要求。

突然想起沈从文笔下的《丈夫》，一样的麻木不仁，一样的违背人伦道德的底线，荒诞而又让人不是滋味。荒淫和堕落往往架构在一个天平之上，他们都在现实笔下演变成了最不幸的牺牲品。

"他求他的父亲准许他去体验一次这样的生活，仅仅一次，一次类似这样的激情，这样的魔狂，对白人小姑娘发狂一般的爱情，在把她送回法国之前，让她和他在一起，请求给他一点时间，让他有时间去爱她，也许一年时间，因为，对他来说，放弃爱情绝不可能，这样的爱情是那么新，那么强烈，力量还在增强，强行和她分开，那是太可怕了，他也清楚，这是绝不会重复再现的，不会再有的。"（《情人》）

纸是包不住火的，那个顽固不化的父亲还是知道了他俩的往来。中国男人回到那个老古宅，虔诚焚香拜祖，跪在那个不停抽大烟的父亲面前，诉说着自己多爱这个法国的白人女孩，他想和她结婚。父亲断然拒绝，重复着那句话，"宁可看着他死"。他要莱奥迎娶素未谋面的女子，莱奥很伤心。

玛格丽特之所以想嫁给莱奥，是因为他有钱，有钱就可以去法国，有钱就可以逃离母亲和大哥残暴的对待，这是她所认为的唯一方法。可惜，这个唯一方法也被中国情人的父亲扼杀在摇篮之中。

"我发现，要他违抗父命而爱我娶我，把我带走，他没有这个力量。他找不到战胜恐惧去取得爱的力量，因此他总是哭。他的英雄气概，那就是我；他的奴性，那就是他的父亲的金钱。"（《情人》）

玛格丽特回忆说："在我和莱奥交往一年多之后，他痛心地告诉我，他不能娶我，否则他父亲将剥夺他所有的继承权。"他不能反抗。脱离父亲，等于一无所有。但比起一无所有，更可悲的是只爱钱的玛格丽特决计不会爱上一个一无所有的中国男人。因为比起廉价的爱情，那镀金的包装更令她目眩神迷。

曾经他很害怕她会外遇，因为他觉得她太年轻。原本他还有些害怕泄露关系会有牢狱之灾，但得知她母亲根本打不起官司，他的怯懦和害怕就没有了，反而变得无所畏惧。

然而，就是这样曾经为爱情据理力争的中国男人，最后还是拜倒在了金钱的坟堆里，越发显露他的无能和懦弱。他是自私的，前一秒对她说着"我此生不会再爱别人"，下一秒就说"我不能舍弃父亲的财富"。

在金钱和爱情下，他一点都不矛盾，因为他明确知道自己需要什么。

分道扬镳

"他说从今以后，这一切他将无能为力，因为大局已定，无法挽回。我对他说，我同意他父亲的意见，我也表示不再继续和他混下去。可我没有陈述我的理由。"

他们就要分道扬镳，他们一起走过她曾有记忆的地方，回忆那些过往的点点滴滴。她的痛苦。她的故事。他们从朝霞四起，到日暮黄昏。他们回到了那个灰暗的小房间里，拿着葡萄酒的她问莱奥，她漂亮吗？他回答说，她富有。是的，她富有。他父亲会选择名门望族的女子，不仅仅是门当户对的中国传统女子，更重要的是她的家境富裕。而这等富裕，是她最不具备的硬件。

玛格丽特回忆说，在中国城，他们只睡过一次，是两年后，在他苦苦哀求下。那唯一的一次，也是他们极尽道别的一次。

莱奥想绞碎他的爱情，他不想指望不切实际的爱恋，他要听见她嘴里的贪婪，他要亲手扼杀他自己一个人的爱情。莱奥让她重复他的话："你来这儿是因为我的钱。"

"由渡轮遇见你那刻开始，我心中想的只是钱，别无其他。"她跟着他复声道。

他面露哀伤地轻托着她的下巴，靠着她的左耳，轻声呢喃道："你是个妓女，你是个妓女……"

她却说："我不觉得恶心，相反……"她悄悄地把细嫩的手掌伸向他的睡袍，轻缓地触摸他，给他最致命的情欲折磨。结果，莱奥握着她的手，哭泣着说，我愿意迎娶你，当我软弱无力，我连些微的力量都没有……

莱奥只是一个善于表述爱情的人，而在爱面前，他没有勇气，他永远爱不起……

莱奥痛哭地饮下了那杯苦涩的酒，吞咽那些苦涩甘醇又无法细说道尽的哀伤。

他在小房子的地毯上抽着大烟。她问他："你婚礼何时举行？"

他告诉她："下星期五，你十二号……乘坐阿历山大号离去……"

莱奥都懂的，指尖数日，挚爱将去，就像穿插而过的偶遇，只是轻轻打了一声招呼，又相互别离……

> 别离是横亘在水陆间的船
>
> 大红花球的你
>
> 朴素暗装的我
>
> 簇拥的人群里
>
> 你不再是我的你
>
> 而我也终将远离
>
> 锣鼓是你我的哀乐
>
> 人群是你我的送别
>
> 再见了
>
> 即将死去的爱情

　　他走了，要开始完成生命的传宗接代……她听着雨声和闹钟嘀嗒，与这人去楼空没有任何气息的小屋告别。

　　轮船的汽笛声响彻在湄公河畔，密密麻麻的挥手，千千万万的叮咛，她看见渐渐远去的岸边，有一辆黑色的轿车，无声无息地停在那个角落，她又像他们第一次见面那样，轻靠在船舷上，直到再也看不见那辆利穆新轿车。

　　月夜垂星，蓝海照天，她走进船舱，听着那个弹着钢琴的男子从指尖倾泻的悲伤，她突然泪如泉涌。或许，中国男人也会在午夜梦回的时候想着玛格丽特……

> 月夜下的你
>
> 盈盈一握的身姿
>
> 有若睡莲含苞的胸脯
>
> 蜿蜒销魂的锁骨和那勾魂的媚眼
>
> 锁上了我尖尖的心头
>
> 你若是蜡炬上的催泪眼
>
> 我必是那灯下的铁烛台
>
> 与你紧密相连……

时光快进。白人姑娘经历了战乱、结婚、生育、离婚、出书……那个曾经的情人带着他的妻子来到了巴黎，给她打了个电话。他语无伦次，他说他知道她写了很多作品，都是从她母亲那里得知的，还为她的小哥哥的突然离世而悲伤。他不知道还能说什么，之后他说他和从前一样，仍然爱着她，他对她的爱从没终止过。就像她写在《情人》书前的那句：我一生都不会停止爱你，至死不渝。

直至死去，都不曾忘记这份爱恋。1972 年，黄水梨去世。 1990 年的春末夏初，玛格丽特知晓了他的离去，她从来没有想过他会这么早逝。他们说他就葬在堤岸边上，他是在守望那份不可相逢的爱情，还是想在那里再次邂逅他们的初会……

　　那艘远航的轮船没有停下，人们都在极尽欢愉，沉沦在舞曲中，渐渐迷失。

　　玛格丽特用垂垂老矣的笔触去深剖这份十五岁半的爱恋，但这份爱情经不起她长年累月的推敲，它只是风吹叶落的时候，不小心折起的过往，因为这场爱情，虽然刻骨，却不铭心。

　　如果你问她，你最爱的人是谁？

　　她会说，永远在下一个。

隐秘的堕胎

因为她的生活里少不了情欲的穿插，甚至坐在波尔多开往首都的火车上，她都能和陌生人从意淫的目光到色情的摸索，是啊，她是成熟的少女，有着迷人的脸庞和傲娇的胸脯，她无所畏惧。

在斯阳斯亚中学，她充分发挥了她的美貌资本和她的智慧彰显，她出入舞会、同学聚会，热衷于任何活动，虽然没有要好的女性朋友，但是她的日记里，记录着很多对她痴迷执著的追求者。这些追求者里，要属两个人最为明显。一个是他的表哥，还有一个就是那个律师世家的儿子勒高克。

勒高克是她的同班同学，她对勒高克的好感来源于他很有钱。他常常带她课后约会、看电影、观戏剧，甚至买电影票和戏票给她的家人，上下讨好。玛格丽特的表哥称勒高克"挺有手段"，而这些手段是他不具备的，所以他很苦恼，他的生活被这个姑娘搅乱了，他说自己喜欢她胜过一切，而这等喜欢致使他陷入了不安和痛苦。后来，这个表哥为了忘记玛格丽特，选择提前应征入伍服兵役。

玛格丽特的日记里，总是喜欢用价格来记录她的恋情："我母亲收到了价值五十法郎的鲜花……这一天，我和勒高克似乎很相爱……他送了价值一百七十九法郎的手镯……"他不仅持续性地给她买戏票，还持续性地给她零用钱，玛格丽特像记流水账一样每天用心记录着，仿佛她要用数字来提醒自己，爱我的男人都必须付出代价。

皮埃尔的情人出车祸而死，玛格丽特的母亲担忧的是安葬费，而她没钱，她又像《情人》里那样，指令女儿去求勒高克的帮助，结果勒高克带来了三百五十法郎，她母亲接受了。结果，日记里出现了这句话："我曾经期待过这样的幸福，可这一切却令人感伤，简直痛心疾首。今天，最让我难过的是，就是我看到母亲接受了他的钱。她那疯疯癫癫的女儿看到了这一切，将一辈子也不会忘记。"

玛格丽特古怪的性格，主要来源于这样的教育，身心受伤且自尊被践踏。她连一根火柴都没有偷过，却感觉自己像一个兜售肉体的妓女。她把一切归于贫穷，甚至在日记里绝望地说道："我的上帝呀，请让我相信，你会给我带来一丝的温存和爱情。"

　　她渴求的是爱的温存和不被金钱所左右的爱情，但现实永远无法填补和满足她。在将要走向谈婚论嫁的时刻，勒高克的母亲阻止了他们，甚至派人跟踪玛格丽特，并转告她，要她彻底跟勒高克分手。这么贪婪却不知检点的女孩，勒高克的母亲坚决不会接纳，何况玛格丽特和中国情人的香艳史她不可能没有听说。

　　两个青春期的恋人，互相告别着。之后，勒高克为了玛格丽特离家出走了。但没有丝毫内疚的玛格丽特却说："他不在我身边，我也不伤心，我想，我并不是很喜欢他。"

　　无论勒高克多么痴心地持续寄信给玛格丽特，她都是无动于衷。直到她发现她怀孕了。后来她表哥说："勒高克使她怀孕，让她打胎。"

　　"我没有把什么事情都告诉母亲，很小的时候，我什么都讲给她听，我和中国情人断绝了来往。而她一直不知道我生活中的另一方面，比如她不知道我二十岁在法国那年，做了一次人工流产。他是一个富家子弟，我还没有独立成人，他的父母不想惹是生非，开了一个假证明，上面注明阑尾炎。"

　　由此可以证明，让玛格丽特打胎的并不是勒高克，而是勒高克的家人。玛格丽特并没有告诉母亲她怀孕堕胎的事，只是一笔带过地对母亲说患了阑尾炎。

　　玛格丽特选择隐瞒，不仅仅是对母亲以往态度的失望，更多的是对旧日暴打的恐惧，她受够了，不必多此一举。

　　她说堕胎就等于谋杀婴儿，苦痛也蛰伏在她的身体里。她并不想内疾，斑驳的花季里，她受着虚伪和谎言一次次的摧残。抖擞衣襟，就算是无情无义也罢，反正没人知道那个小小婴孩的存在与死去。到了明天，她还是那个美艳的女子，有众多人的追求，没有痕迹。

之后的 1932 年，她以第一名成绩通过了高中会考。

1933 年 10 月 3 日，她独身前往巴黎完成学业。11 月 8 日，玛格丽特注册了巴黎大学的法学院，开始学习政治学，而之前，她却是学习数学专业。据她解释说，她原本是在索邦大学就读数学专业，想之后就读巴黎高等师范大学，成为像父亲那样的数学教师，可当时，她有个对数学不感兴趣的情人想娶她，对她说："我哪想要娶一个数学家，数学家会喂养孩子吗？"她虽然对这个愚昧可笑的情人很愤慨，觉得这是在性别上的歧视，但是为了和他在一起，玛格丽特还是放弃了数学。

事实上，玛格丽特从小数学优异，又思想独立，是个不会为了别人而放弃自己喜欢事物的人。她之所以会选择放弃，是她真的对数学没有太大的热衷。

正因为她选择政治学，她才认识了弗雷德里克·马科斯。他是个"纳伊的犹太人"，长得其貌不扬，瘦弱、略微驼背、黑色卷发、蓝色眼睛，是个牙白且表情多变的男子。

这个男人给玛格丽特的感觉是虽才华横溢，却令人无法忍受。甚至在做爱的时候，他都能一声不吭，完事后还要给玛格丽特讲圣热罗姆一生从事翻译《圣经》的故事。

虽然《圣经》可以使人宽厚仁慈，会影响到玛格丽特的一些作品当中，但玛格丽特是在情欲上特别娴熟老道的女人，她甚至说，直至生命迟暮，她都对肉体之爱仍有一种真正的激情。她喜欢做爱，需要做爱，而面对一个不能给她肉欲释放只能静默操作的人，她渐渐感到乏味。马科斯最大的存在感就是成了玛格丽特笔下《副领事》的主人公，在《印度之歌》中，又以神秘形象示人。

他和她的最后，就像《副领事》的故事一样："他曾经非让我读《圣经》不可，我永远不会忘记。他后来成了孟买的副领事。在结束政治学院的课程后，我们分了手，当时我只有二十二岁。"

而在真实中，她和弗雷德里克·马科斯分手的时间肯定不是在二十二岁，《副领事》是她以马科斯为原型所改编诠释的故事。他在毕业后，远赴孟买，担任孟买领事馆的专员，不排除时间上会存在跨度。因为在1935年底，她与另外一双眼睛不期而遇，这场爱情是她生命中的转折点，如她所言："这是我当时能够给他的最好的爱情证明。"

爱情，又来了……

04

Chapter

第四章　年轻姑娘和小孩

杜拉斯语录

我感觉到有必要接近您。我从
不后悔极力地压制自己的情感，强
迫自己这样做，坚持了一个耐人寻
味的夜晚，使我思想和感觉上的熟
悉景色大放异彩，因为现在只是一
个抽象的形象，没有萦绕我的实质
内容，大概是一种具有芳香的物体，
给人带来一种希望，留下长久的念
想……

让和副省长的公子

　　一场熊熊大火刚好蔓延到玛格丽特所住的什梅尔街 5 号公寓，那天她没有在外过夜，火势逼近她所住的地方，她仓皇奔出。在这条簇拥着人群的塞维尔—巴比伦街的街口，她和他相遇了，周围是一片喧闹哭逃。他们没有早一步，没有晚一步，两个看对眼的人，忘记了周遭，忘记了一切。那道紧盯不放的目光来自一个叫让·拉格洛雷的男人，是一个糖衣包裹下的薄荷男孩，他的糖衣是莫利涅大家族，但是在他出生的时候，母亲当场去世，他父亲把一切过错归咎于还是婴儿的他，他自然不受宠，也得不到父亲的照顾，女佣的宠爱和大房子给予他的却是深深的孤独。他凉薄于心，痛苦消极，甚至哥哥对他都有敌意，所以他是薄荷男孩，看似幸福，实则不幸。

让·拉格洛雷和玛格丽特的相处模式是富有戏剧性的，仿佛认识了多年，虽然开始天雷勾动地火，但周边的人都不会相信他们是情侣，因为这个薄荷男孩不但抑郁而且还有同性恋倾向，他甚至让玛格丽特很恐惧。他常常夜里号叫，一种不能自持的号叫，她不能安抚他的痛苦，她很害怕，但这不能左右他们彼此间的互相吸引和诱惑。

让·拉格洛雷是个很帅的小伙子，看上去翩翩俊少、温文尔雅且身材高大，一头棕色短发更显得风流倜傥。他们的相识是从缔结友情开始，互相给对方写信，继而到恋人间的互诉衷肠，再一起约会、旅行。

让·拉格洛雷其实是一大功臣，因为是他让玛格丽特迷上了戏剧，他和她常常游走在剧院，如果不是他，她的很多作品都将被埋没，难有搬上荧幕的机会。但对玛格丽特来说，让·拉格洛雷不过是玛格丽特生命中一次奇遇，是他间接使玛格丽特遇见了生命中的第一任丈夫罗贝尔·昂泰尔姆。

让·拉格洛雷和玛格丽特的关系在后来越加紧张和复杂，但这丝毫不影响他把自己的死党三人组介绍给玛格丽特认识。这两个朋友都是他中学认识的，博学多才且都英俊不凡，更重要的是，他们来自同一个阶层，都是大资本家的后代。他们是出名的三帅，每每出入校园，都是回头率颇高。三帅之一是乔治·博尚，另一个备受瞩目的就是罗贝尔·昂泰尔姆，他之所以被人熟知，还有另一个令人羡慕的身份，他是副省长的儿子。

自打玛格丽特加入了他们的三人组，经常一起聊天、谈心、赌马、旅游……玛格丽特是个颇具性格魅力，俏皮不失可爱的女人，她长期出入他们三人的场合，他们把她当女皇。

倾慕玛格丽特的男人多如过江之鲫，她迷人的鹅蛋脸，充满诱惑的眼神，凹凸的曲线，能魅惑一大帮人，就连他们学校上了年纪的老师都不可幸免地也被她给迷住了。当然，也不可能不吸引到罗贝尔·昂泰尔姆。他是一个非常优秀且胸怀坦荡的男人，智慧、从容、慷慨，永远不会停止微笑，这样极具亲和力的男人当然是备受女性的仰慕，何况他的父亲还是巴约讷的副省长。他的家族从祖上就很有名望，还曾经给政府捐过一块地，为表示感谢，市政府还把莫里哀大街改名为昂泰尔姆大街，现如今，这条街还一直叫这个名字。虽然他父亲后来因牵涉"斯塔维斯基事件"而不幸落马，但还是凭借关系捞到一个肥差，做上了税务官，可以算是衣食无忧。

罗贝尔·昂泰尔姆的家位于塞弗尔街的豪华大楼内，这里是当时的官僚及富商的聚居地。他有两个姐姐，作为独子，他在家中备受宠爱。

让·拉格洛雷也同样博学多才，但抑郁消极的想法还是会左右他的情绪。在一次穿越法国去蓝色海岸的旅行中，虽然时间不长，但是玛格丽特和让·拉格洛雷的关系越加破裂。可能是他父亲拒绝玛格丽特嫁给让·拉格洛雷，也或者是玛格丽特想暂时和他分开一段时间，反正那时候的让·拉格洛雷的情绪波动很大，别扭到让人难以接受的程度。而在这之间，玛格丽特发现自己爱上了罗贝尔·昂泰尔姆，不仅仅是他的才华和帅气，最重要的是她觉得昂泰尔姆是个开朗的人。玛格丽特曾对让·马克·杜里纳说："哪怕只是在一间小酒馆见个面也好，和他谈谈，与他目光交会，感受一下他的人道主义。"

同样，她和让虽然有一道目光的交叠，但他们之间的目光渐渐偏离，越来越远，而昂泰尔姆的目光是柔和又暖人心脾的。她甚至说，他是最具影响力的人，没有他的意见，她什么都做不了，他就像是智慧的化身，给了她无穷的力量，直至超越友情。

《未来信件》里，玛格丽特写道："我感觉到有必要接近您。我从不后悔极力地压制自己的情感，强迫自己这样做，坚持了一个耐人寻味的夜晚，使我思想和感觉上的熟悉景色大放异彩，因为现在只是一个抽象的形象，没有萦绕我的实质内容，大概是一种具有芳香的物体，给人带来一种希望，留下长久的念想……"

"您知道我是一个喜欢自虐的人。当夜晚降临，手指僵硬，我还这样做真是愚蠢透顶，就此搁笔，谨请谅解。您会原谅的，因为淘气鬼不再顽皮；娇小的古提琴也不再奏乐；在某个清晨，她还会奏响间奏曲，您将会听到她擅长演奏的最甜美的音乐，将痛苦地把您从痴迷的睡梦中唤醒，当您微微睁开眼睛时，它就消失得无影无踪。但是，它会向您打声招呼，会对您喃喃自语，可是人们都不相信它在谈情说爱。"这样灵动如蝶、才情横溢的女子，并不善于矫揉造作，她敢爱敢恨，不加掩饰，即便是天使变撒旦，她也无可惧怕地递去爱的箴言，她在为自己敲开另一扇门。

　　这段变心之路给这四人带来了煎熬。让·拉格洛雷受不了被自己的兄弟背叛，他抑郁的负面情绪越加高涨，他觉得自己极近崩溃不能自拔。以前没有人爱他的时候，他会庆幸自己有兄弟，现在，他不仅有兄弟，还有这个女人，但这个他爱的女人却放弃了他，选择投入了自己兄弟的怀抱。他又爱又恨，觉得全世界都背弃了他，在他渺小的世界里，连最铁的死党都要横刀夺爱。让·拉格洛雷万念俱灰，开始吞食劳丹酊想要自杀，幸得乔治·博尚他们发现得早，否则，让·拉格洛雷就将为这次的情变丧生。

　　乔治·博尚说："我们步入到戏剧化的阶段。我不得不拿走让面前的劳丹酊毒酒，他想一死了之，因为他失去了他爱的女人，他还阻止罗贝尔自寻短见，因为他夺走了他的所爱。让和罗贝尔是一对十分要好的朋友。"

　　若不是乔治·博尚从中斡旋，谁都无法预料后来的结局。当时，内疚感倍增的罗贝尔·昂泰尔姆也觉得自己不该爱上兄弟的女人，但又不想放弃她。这种心理左右着他。在这两难局面里，他被这让人窒息的愧疚感压制着，朋友的谴责声也不绝于耳，他感到压力越来越大，渐渐负荷不了，他选择拿起藏在父亲办公室的手枪，想就这么了却生命。夹在兄弟间的乔治·博尚又一次成功地解救了自己的伙伴，幸亏他夺下了罗贝尔手里的枪，否则后果不堪设想。

面对这样的窘境，玛格丽特选择把自己关在房间里哭泣。

大家对此事都很震惊，都觉得让·拉格洛雷和罗贝尔不会这么想不开，觉得这两人是在怄气。为了缓和如此尴尬的局面，乔治·博尚开车带着被药物影响变得傻愣愣的让·拉格洛雷去了奥地利和匈牙利玩了一个月。而玛格丽特和罗贝尔就在此时确定了关系，他们开着她的敞篷轿车去了北方，还见了罗贝尔的父母。

让·拉格洛雷还沉浸在情感创伤中，罗贝尔·昂泰尔姆和玛格丽特不得不顾及让的感受，只能书信来往，就像常人的友谊那样。玛格丽特的一生，难得听从别人，而她愿意倾听罗贝尔的意见，觉得自己像他的孩子，他是她依靠的肩膀，她全身心地信任他，这是很难得的。即便后来他们离婚，都有各自的情人，但是他们的关系依然像友情般持续着，直到《没有在集中营中死去》这篇文章发表后。

同是资本家的两大家庭，在对玛格丽特的态度上也显现出了霄壤之别。罗贝尔的家庭明显亲和多了，他们没有像让的家族，以大资本家的姿态去看待玛格丽特，他们开明很多。有张罗贝尔的两个姐姐与玛格丽特和罗贝尔的合照可以证明这一点。其实，以昂泰尔姆家族的关系来说，他们要调查玛格丽特是轻而易举的，因为他们家有当殖民地部长的亲属。

那时的玛格丽特已经不再窘困，她母亲源源不断地给身在法国的女儿寄来生活费。玛丽在西贡的家中开办了私立学校，她不辞辛劳地在放假时招收很多学生，她选择不停地工作，她沾沾自喜地看着女儿通过的考试，她觉得她的辛劳不算什么，她能做的就是寄生活费，这是她给女儿仅有的最温情的母爱。

要嫁给你

　　1936 年初，爆发了"热兹事件"，这个事件波及法学院。据说是一个教税法的教授，因为给埃塞俄比亚的皇帝出主意，被法律系当作叛徒。法朗士·布鲁奈尔曾经回忆说："因为他反对墨索里尼入侵埃塞俄比亚。有些同学叫他犹太人热兹，或是小黑鬼热兹，不让他上课。这激起了我们的愤怒。"

　　当时，左派与右派之间的派系斗争很激烈，甚至闹到了学校停课，学生开始游行，连工人也开始罢工。玛格丽特既不参加任何反法西斯的游行，也不加入派系上的各种活动。她不介入政治，她只是一个观望者。

她曾明确表示，不赞成某些同学所表现出的法西斯主义狂热及暴力行为。她起初对政治还是敏感的，但她害怕人群，比如大规模的游行。在那些停课的日子，她没有荒废，而是很悠哉地去了德国和奥地利游玩。

不利的动荡局势，让罗贝尔和他的小伙伴们越加对国民阵线感到失望，他们渐渐倾向于和平主义，却又不想投入任何阵营。他们预测这样腐朽的旧世界是无法面对经济危机的，变革才最为重要。玛格丽特和罗贝尔·昂泰尔姆就在这样没有确定性的政治观念下继续发展着他们的爱情。1937 年，他们的关系有了进一步的发展，玛格丽特和罗贝尔订婚了。

在她小哥哥的来信中可以看到，家人对她的未婚夫很满意："听说你订婚了，我向你表示祝贺。我不认识你的未婚夫，但从你的言谈看，我觉得他人很不错。我们经常谈到他，母亲对他颇有好感，唯一的缺憾就是还没有看到他的来信。"罗贝尔·昂泰尔姆当时刚满二十岁，到了服兵役的年纪，无暇顾及这些，1938 年的夏末，他正式入伍。

罗贝尔对兵营生活的热情度不高，他写信给朋友弗朗斯·布律奈尔说："我没有因为才情被埋没而痛心疾首，只是对世界失去人才而深感遗憾。这个世界自我封闭，有时很痛苦，状若香水般壮烈，方显憔悴万物的神秘与诱惑。"罗贝尔认为军营生活会窒息自己的才华，他感到很痛苦，想要快点挣脱这里。他希望尽快见到想念已久的玛格丽特，和她完婚。好几次，他难得地被批准回巴黎，都没有等到玛格丽特，常常在她房前空等一夜。而弗朗斯·布律奈尔后来回忆说，在那些夜里，玛格丽特是和别的大学生发展"荡气回肠的爱情"去了。

之后，玛格丽特拿到了政治经济和法律专业的学士文凭，还在殖民地部管辖的殖民地信息处找到了工作。对于殖民部，她并不陌生，她能在那么多男性中胜出，熟悉殖民地是她取胜的一个筹码。毫无疑问，玛格丽特进入状态很快，表现突出，很受领导的重视。接着，她被聘用到了国际信息处。在 1937 年之后，她先后在法国香蕉宣传委员会和茶叶委员会任职，直到 1939 年 3 月 1 日她调回国际信息处。而这时候，上司要她配合完成一部宣扬殖民帝国伟大的书。她无从选择，这是命令，她马不停蹄地开始了这项工作。

忙着这项任务的玛格丽特并没有减少与罗贝尔·昂泰尔姆的信件来往。而在军营中日渐消沉的罗贝尔遇见了他的人生挚友——弗朗索瓦·密特朗，这个政治立场分明的朋友给他带来了另外一番思想上的洗礼。然而，因为要去军校上学，他们不得不结束了这短暂的相处。法国的局势愈见不稳，战争一触即发。在罗贝尔调任步兵团后，有天他收到了一份电报："要嫁给你。回巴黎。玛格丽特。"

热血沸腾的罗贝尔不敢想象，在危机四伏的日子里，能收到这可爱的结婚电报，他高兴得快疯了，恨不得插上翅膀，飞到她的面前告诉她，我愿意。他向指挥官请假三天，直接赶赴第一班开往巴黎的列车。这个稚嫩的小伙子，在车上也在想着即将成为他妻子的女人，她可爱、美丽、聪慧、俏皮，如柳芽初絮迎风送暖，如芳菲细雨托叶承露。她总是能轻易地撩拨他的心神，她是他心尖上的花骨朵儿，盛放着最馥郁的芬芳。

1939 年 9 月 23 日，这相差两岁的姐弟恋终于修成正果。玛格丽特和罗贝尔·昂泰尔姆在十五区政府举行了婚礼，玛格丽特负责了婚礼的相关事宜。出席婚礼的人并不多，他们只要庄重简单地对着两个证婚人说声"我愿意"就可以，但在多年后，罗贝尔对第二任妻子说，那天他和玛格丽特结婚的证婚人是玛格丽特当时的情人。

那些秘而不宣的过往，终有一天会月满盈亏地倾泻而出。爱是盲目的，看似是含羞带怯地迎面而来，却看不见转身在侧的背叛。那些怀揣过往的曾经，都在时光下渐渐漂白，都在指缝间猖狂而逃。爱过就好，不得、不失，过着属于自己的幸福。

虽然玛格丽特情人众多，但她会选择与罗贝尔结婚，只是要向众人证明，自己真心爱的是罗贝尔。罗贝尔该庆幸，在众多情人里，她是用庄严的婚姻来见证她宝贵的爱情。

新婚燕尔，还来不及温存一番，就面临送别。当夜，玛格丽特就陪着丈夫到火车站，送他回军营。而她还得继续回殖民部完成那部宣传殖民帝国的著作。这部《法兰西帝国》直到 1940 年 5 月才面世。虽然没什么反响，但因为这本书，玛格丽特正式跨进了出版界的门槛。

这期间，罗贝尔给新婚妻子寄去了照片，告知他的现状。在众多战友中，他看上去老成而严肃，穿着军大衣，微胖的脸上带了副玳瑁架眼镜。这张照片是在战争未爆发前照的，略显悠哉和安逸，而他的妻子，还在乌迪内街的殖民部胆战心惊地工作着。巴黎市民已经把有玻璃的建筑和房屋都涂上了蓝色，以防被德国飞机轰炸。

巴黎陷入瘫痪状态，粮食短缺，难民众多，情势越加紧张，每一个人都在紧绷着那根弦，他们都很恐惧。1940 年 9 月，罗贝尔·昂泰尔姆退伍回到了巴黎，玛格丽特也不顾阻挠地回去了。当时政府颁布了《已婚妇女就业法》，禁止已婚妇女工作，认为她们应该待在家里，禁止外出务工。所以，玛格丽特在 11 月辞去了殖民部的工作。

远离了繁忙与充实的工作环境，玛格丽特愈发抑郁寡欢，她不想关注动荡的局势，而是把自己禁闭在个人的世界里，全身心地投入到写作中。她想快点出版自己的小说。而罗贝尔参加了秋初警察局文秘职位的考试，自身的努力，加上父亲的关系，他顺利地进入了警察局。也正是在警察局工作的特殊关系，他才能投入到抵抗运动，联络组织、帮助销毁揭发信件，让在逃的同胞躲藏于他家。

这个时期，玛格丽特完成了人生中的第一部小说《塔内朗一家》。她把手稿寄给了伽利玛出版社，还附上一封信，解释自己的作品与之前出版《法兰西帝国》的内容没有任何关联，她亟须说明前作不过是应时之作，甚至列举很多读者对她新作的肯定，她相信他们的判断，她渴望发表，还写着无论出版与否，都希望能尽快回复给她。

虽然玛格丽特大胆地毛遂自荐，但出版社还是没有给她答复。她像热锅上的蚂蚁，等不了下一分钟。她提笔又给编辑写了一封信。

先生：

　　大概一个半月之前，我给您寄了我临时命名为《塔内朗一家》或者《莫德》的小说稿。如果您能告诉我您喜欢哪个书名，我将不胜感激。我要离开巴黎一段时间，希望在此之前能得到您的佳音。这样催您，还请您谅解。请接受我诚挚的问候。

玛格丽特·多纳迪厄

于巴黎第 6 区迪潘街 5 号昂泰尔姆夫人府邸

　　之后她收到了文协作家雷蒙·格诺的来信，他对玛格丽特的作品给予了肯定，却没有说是否能出版。后面，格诺成了玛格丽特和罗贝尔的好朋友。后来，他又像让一样，充当了纽带似的中间人，间接促使玛格丽特和未来的第二任丈夫相识。

　　虽然很多人读了这篇小说，但评价不一。有认为值得出版的，也有说文风不够成熟的。当时，伽利玛的编辑评价她的文体不够一致，结构松散，格调混乱，文笔有些残忍，思想有些颓废。只在结尾处说了作者具有非常敏锐的观察力。

　　伽利玛的拒绝并没有打击玛格丽特继续写作的动力。雷蒙·格诺虽然是个善于嘲讽的人，但在那段日子里，他充分地给予了玛格丽特精神上的支持，给她意见，给她帮助，她才能顺利地出版第二部作品《平静的生活》，而当时这部小说的编辑就是格诺。他用自己的行动诠释着他无限的信任。

1941 年春末，罗贝尔·昂泰尔姆离开了警察局，进入了工业部，做起了信息资料处的专员。看着自己的妻子因为作品而精神抑郁，罗贝尔也付诸行动。他曾经拜访过布隆出版社，告诉那个编辑说："这是玛格丽特的书稿，一定要看一下。我先告诉您，如果您不能承认她是一位作家，我想她一定会去自杀。"布隆的编辑告诉罗贝尔，她从来不向威胁屈服。

罗贝尔走了，留下了稿子。如果说是布隆的编辑挽救了这部作品，倒不如说是罗贝尔。如果没有他的奔走，或许玛格丽特也只是习惯性地继续等待第二部作品的诞生，虽然这部作品在两年之后才出版，作品名也被改为《厚颜无耻的人》，但这也是成功的第一步。从此，她开始用上了笔名——玛格丽特·杜拉斯。对于初出茅庐又一波三折的玛格丽特而言，能出版此书，简直有久旱逢甘霖的感动。

杜拉斯语录

孩子走了。我们再也不能待在一起。他走了。我们一起生活了九个月，死亡就把我们分开了。我的肚子重新落在了他的身上，一块破布，一件破烂衣服，一个棺罩，一块石板，一扇门，和肚子比，都是些毫无价值的东西。

丧子之痛

1941 年的秋末，玛格丽特发现自己怀孕了。在这么紧张的环境里，生孩子是一大难题，但她说服了罗贝尔，并且幸福地把这个喜讯告知给身边的朋友们。

妊娠期的玛格丽特是敏感的，小说稿没有回音，日军又侵略印度支那，小哥哥是否安全，她很担忧。虽然巴黎的物资匮乏，街上常常有游行示威，但这至多让她恐慌，真正让她忧心的是她怀疑罗贝尔有外遇，多虑疑心的她，一步都不想离开罗贝尔，连上街她都要跟去。而罗贝尔确实有外遇了，他爱上了一个叫安娜·玛丽的年轻女子，由于保密工作做得太好，玛格丽特和他们的朋友都一无所知。

玛格丽特在1942年6月16日凌晨诞下一个六斤多重的男婴。由于设备简陋和分娩过慢，那些助产的嬷嬷们又非常不娴熟，孩子生下来没有啼哭就死了。玛格丽特接受不了这个事实，顿时觉得天崩地裂，她是多么满怀期待地等待他的来临，却来不及听到他的第一声啼哭，来不及看他吸吮她的第一口乳汁，他就这么悄无声息地走了。她想到她的童年，想到她的母亲和大哥，想到那些不堪忍受的暴力，想到那个早年流产的孩子。难道这是惩罚，所以自己才不能生育孩子？

她沮丧得像个行尸，没有表情，没有言语，她为自己的无能感到自责。她对朋友说："他降临到世界上，却与死亡同步。什么也没有。什么也没有留下来给我。这空茫真是可怕。我没能拥有这个孩子，哪怕是一小时也没有。我不得不想象一切。我一动不动，只是在想象。"

罗贝尔也很沉痛，但他不得不选择放下沉痛，选择滚烫的爱和无微不至的体贴，但他和玛格丽特之间的爱渐渐变味。玛格丽特当时正依赖着他，她心里也很清楚这一点。

之后，情绪波动很大的玛格丽特，除了罗贝尔，谁都不见。

在她的日记里，她写了那间教会诊所里的嬷嬷。她没有得到暖心的安抚，反而是泼凉水似的苛责。她想叫嬷嬷帮忙找到那个早夭的婴儿，想和他待一小时，结果嬷嬷拒绝了。这个诊所死去的孩子都是要火化掉的，当她一想到自己的孩子将要化为灰烬，却从未抱过，从未看过，她顿觉一切太不真实，若不是那些嬷嬷责怪她生孩子不给力，她或许会觉得这一切都不曾发生，她的孩子还在肚子里孕育着。

"他死了，这是您的错。"她们一直这么灌输着。有人送给她橘子，那嬷嬷看见都要讽刺她："在我们这里，橘子是给妈妈的，给生了孩子的妈妈，不是随便什么人都可以得到橘子的。"

她不配拥有，因为生下来的是个死婴，连一口奶都没有吸过，她除了绝望还是绝望。也正因为这次的绝望，从此，她笔下孩子渐渐鲜活得富有灵性、聪颖、孤独、叛逆、温柔、苦难……他们是自由不被束缚的翅膀，他们是谎言与真理的试金石。他们真诚而可爱，不加雕琢，天然且富有灵魂。

怀孕初期，玛格丽特就患有产前抑郁症。孩子夭折后，她变得神神叨叨，暴躁的情绪反复无常，那些和睦渐渐不在。

他们开始有了争吵，罗贝尔的出差也变得愈加频繁，玛格丽特在最需要体贴与呵护的时候，在最需要理解的时候，罗贝尔选择了离开。他宁可躲在繁忙的背后，也不想听到玛格丽特的任何嘶吼和没有缘由的哭闹，他烦透了，厌倦了，他无法站在她的角度理解她。此刻的罗贝尔更愿意去理解他的情人安娜·玛丽，玲珑剔透，又善解人意。

人在厌烦的时候，会有失真性的对比，会惯性地偏向不加负累的安慰。婚姻需要耐心来维护，需要谅解来经营，如果一天到晚都是争执，再美好的印象都会破碎。

男人需要温暖的面容，女人同样需要呵护的肩膀。

爱情是这样，婚姻也是这样。

迪奥尼斯

　　1942 年的夏天，玛格丽特重新工作，做起了图书审查委员会的审稿人，这个工作使她接触了更多形形色色的出版商，因为她要分派出版证，还要对库存数量负责，对书质量进行严格把关。在那个敏感的年代，这样的机构是有附敌成分的。她谨慎地处理自己分内的工作，发挥着自己微薄的力量。因为玛格丽特出色的影响力，还出现了一些听命于她的追随者。之后，由于出版证稀缺，印刷等候过长，连审阅报告也越加明细。她不得不选择新的一批审读员，这时候，玛格丽特邂逅了一个令她焕发生机的男子。

她对他一见钟情，他的名字叫迪奥尼斯·马斯科洛。迪奥尼斯最初是在伽利玛出版社工作，到访的目的只是为了给自己所在单位被拒绝的作品说情，却没想到演变成为玛格丽特工作的伙伴。

婚姻上的貌合神离和痛失孩子的阴影挥之不去，在这样破败又毫无新意的生活中，迪奥尼斯·马斯科洛的出现似暖光四溢，渐渐改变着这让人窒息的沉闷，一切有了复苏之象。她想自己应该是喜欢上了这个迷人俊美又捉摸不定的男子，她形容迪奥尼斯是像上帝一样英俊，她不想错过，征服的欲望越加强烈。

迪奥尼斯是玛格丽特书里所说的怪异崇拜者，他不会讨好她，迪奥尼斯更像是玛格丽特的一面镜子，他能一眼见浊地提醒她作品的弊端，给予她理性上的建议。玛格丽特是一个不容别人质疑她作品的人，但她却能如此耐心地倾听迪奥尼斯·马斯科洛的意见，可见她已经收起了她阴晴不定的暴躁，变得温煦且让人容易接受。当大家还未察觉出玛格丽特情感变化的同时，作为他们夫妻共同的死党乔治·博尚最先看出端倪，他说："这对夫妻的关系正出现危机，这种危机随着马斯科洛的到来而加深。"

他们已经没有曾经的你侬我侬，但也不至于会到撕破脸的境地。当罗贝尔得知自己妻子外遇后，悲伤无法掩饰，他没有过多反思自己同样有着外遇，同样拥有情人，相反，他感到痛苦不安，他甚至开始迁就自己的妻子，希望透过这种微妙的改变能使婚姻有转圜的余地。但冰冻三尺也非一日之寒，在这日日渐变的感情中，不是三言两语就能安抚一个人渐渐失温的心。

玛格丽特用浑身解数去征服迪奥尼斯，她没法欺骗自己，她爱上了这个在自己心里美艳得不可方物的男人，她深深地为他着迷。而迪奥尼斯，接受不了玛格丽特反复要他说"我爱你"，虽然他懂得这是玛格丽特天性使然的占有欲。

他们常常偷偷摸摸地在旅馆里消磨时光，他们一起去电影院，一起品读文学作品。玛格丽特告诉他，之所以一宣战就嫁给罗贝尔，是因为想要为他们之间的友谊盖上正式的印章。她也袒露，知道丈夫外面的婚外情，说这是各自自由的生活，如同她喜欢肉体之欢，喜欢她的那些情人们。

是的，在和罗贝尔的婚姻关系中，玛格丽特并没有切断与情人们的复杂关系圈。而此时，迪奥尼斯对这个不加掩饰且才华初显的女子有了不一样的感觉。玛格丽特也不再想遮掩自己的内心。藏着掖着的感情，刺激和冒险的跌宕起伏，就如同在海浪涌起的顶端，一方面带来从未有过的新鲜，另一方面又必须面对狭路相逢的可能。迪奥尼斯说他们之间的关系就像是在通奸，而玛格丽特只好选择将迪奥尼斯介绍给罗贝尔。当然，玛格丽特并没有捅破她和迪奥尼斯的关系，但罗贝尔知道自己妻子的婚外情。

当妻子要介绍迪奥尼斯给自己认识的时候，罗贝尔没有愤怒，反而把自己打扮得儒雅绅士。玛格丽特给迪奥尼斯说，认识了罗贝尔，您就会知道我是一个对男人要求很高的女人。玛格丽特并没有说错，本该剑拔弩张互不理睬的两个大男人，竟然相见恨晚，摒弃前嫌地成为了朋友，迪奥尼斯甚至说："我们之间也是一见钟情。"他被罗贝尔亲和的人格魅力所折服，成了去他们家串门的常客。

她喜欢迪奥尼斯到无法自拔，这个程度还不算什么，她又撕开痛苦的过往，告诉他那些不堪的痛苦回忆，包括母亲、大哥和小哥哥。她絮絮叨叨，觉得只有这样详尽诉说才不是违心的隐瞒，才能真真正正地诠释她的爱情。她还把迪奥尼斯介绍给自己的母亲，她想让自己身边的朋友都知道他的存在。为了表示忠诚，她切断了和其他情人的联系，虽然迪奥尼斯并没有这样要求，可见，她已经爱迪奥尼斯痴狂到颠覆自己以往的作风。

1942 年深冬，一封来自印度支那的电报打破了她原有的平静。保尔去世，她像被诅咒的木头人定格在那里。

小哥哥怎么就死了？这是玩笑的欺骗吗？可这又不是愚人节。"小哥哥已经死去。起初我感到困惑不解，可后来骤然间，产生了一阵绞心的痛苦，它来自四面八方，来自世界的底层，这痛苦几乎要把我吞噬，把我卷走，我已经不复存在，唯有满怀的苦衷。"起初，辛苦怀胎十月的孩子早夭已经给她带来无以复加的伤痛，唯一支撑她维系亲情的小哥哥去世更是致命性的一击。她没办法承受至亲相继的离世，虽然丧子之痛在迪奥尼斯的出现后有所转移，但小哥哥的死，是外界任何力量都无法安抚的痛楚，她把自己囚禁在怀想中，她回忆他善良不世故的作风，想念他指尖温柔的触碰，笃定他是世上最真正关心她，最不可能伤害她的人。

她的小哥哥死的很突然，年仅三十岁，他和订婚不久的未婚妻才相处了短暂的一年光景。之前他对母亲说过呼吸困难的情况，但玛丽想等出诊的医生回来后再给小儿子医治，结果错过了最佳的医疗时间。等出诊的医生回来，保尔早就危在旦夕，结果死神还是拉走了这个曾经和玛格丽特患难与共的小哥哥。他死于突发性胸膜炎，是传染性的肺病，当时的医疗水平不佳，病毒入侵，高烧持续，就这么轻易地结束了一个鲜活的生命。

人类总是热衷于权利和欲望的争夺，一旦病体附身，累叠的荣耀顷刻瓦解。人常说树倒猢狲散，但人离去时却是两手空空。那些隐形捆绑的亲情，很容易就这么消亡，如同玛格丽特一样，她没有去看过保尔的坟茔，她不屑于用那些琐碎的焚烧叩拜来祭奠他，他死了，他活了，他的坟茔早已随着那些逝去的记忆，屹立在心尖上的坟堆上，是的，他们都活着，活在她的心里，她的孩子，她的保尔。她终于和多纳迪厄的姓氏说拜拜了，她将以崭新的姿态，破茧重生。

她重塑了新的自己，她给自己改名。在1943年出版的《厚颜无耻的人》她启用了新的名字。

她叫玛格丽特·杜拉斯。

玛格丽特·杜拉斯对迪奥尼斯说过这个笔名的由来，因为"她一点也不以她的大哥为骄傲，她想要逃避他那种没有一点文学素养的样子，和他分开。她说这样可以避免向那些知道她姓多纳迪厄的人汇报。同时，我也用了格拉西安的笔名，因为我生在圣格拉西安。"

原文应该是翻译错了，她的意思应该就是我之所以换姓氏，只想脱离那个丑陋的家庭，她不想写上名字就被人联想到那些肮脏的面孔，曾经会忍受这样的家庭是因为小哥哥，现在不能接受这样的姓氏也是因为小哥哥。她已经仁至义尽，她受够了这个家，她觉得唯一畅快式的报复就是从姓氏上根除关联，这样才能解气。

最早，她就讨厌父亲的姓氏，因为在法文姓氏上，多纳迪厄是"给上帝以什么东西"的意思，她讨厌象征性强烈的词汇。她不信上帝，她也不想从虚妄中夺得什么，她更愿意相信那神秘的"洞"，填补她对生存、死亡、绝望和爱情的理解。

在《厚颜无耻的人》的扉页上，她写上了这么一句话："献给教会我蔑视这本书的迪奥尼斯，我的一个古怪的崇拜者。"

这本书，玛格丽特承认它非常非常幼稚，但这本书的成功之处在于它让她步入了写作的行列，她开始了笔耕不辍的写作生涯。同时，她和迪奥尼斯在这个炎热的酷夏里继续互通信件，她还是要他说爱她，但迪奥尼斯却说："对彼此的欲望使我们紧紧相连。她已经沉浸在对我的爱情之中了，而我还没有。我们从来没有觉得够过。"

迪奥尼斯和玛格丽特是一样的，他们都是游戏人间的情场高手，玛格丽特为迪奥尼斯疯狂，而迪奥尼斯却在和别的姑娘谈情说爱，他应付自如，并不想效仿玛格丽特斩断所有情人的做法，他很享受，而玛格丽特却不甘于此，她觉得迪奥尼斯是她的所有物。她想占有的不仅仅是他的身体，还有他那颗多情的心。

之后，罗贝尔带玛格丽特度假的那几天，她万般的想念他："我们分开了。每天我都在问自己没有你的日子我怎么过……最好有一天你能对我说，给我发封电报说你爱我，我要你……"之后在《平静的生活》里，她甚至把迪奥尼斯写进了书里，他是书里的男主角，她在书里诉说着她对他的爱，哪怕离他很远，她也能够非常清楚地感觉到，除了他，谁都不爱，她说，她想要给他生个孩子，觉得这是自己最特有的宣爱方式。

迪奥尼斯被玛格丽特强烈的爱所震撼，但他并没有接受，照旧与其他情人保持联系，而玛格丽特的信件还是持续不断。"想到和你生个孩子是给你添麻烦，我真的是害怕了。没有爱就不能有孩子。有了孩子就必须与孩子的父亲在一起。那我只有和罗贝尔在一起了。在未来的灰烬中，我只寄希望于背叛你。"

我只寄希望于背叛你，这是赤裸裸的告白，又是最违心的妥协，她深知她的信件给迪奥尼斯带来了压力，也清楚自己是罗贝尔的妻子，但为了证明爱他，她愿意和她所爱的迪奥尼斯生孩子，即便是违心地说要背叛他。他们一面小心翼翼地抗争，一面超越道德伦理地发生激情，他们都是不按牌理出牌的人，不与规矩为伍，准则和道德之网在他们忤逆的思想下，根本不足为惧。

迪奥尼斯最后也臣服在玛格丽特的石榴裙下，她让自己成功地成为了迪奥尼斯唯一的情人。他说，肉体之爱是一种艺术，再也没有比这更沉重、更富悲剧性的了。他觉得对方倘若没有艳遇，还真无法忍受的情境。

05
Chapter

第五章　痛苦

殷勤的陷阱

1943 年 7 月，密特朗打响了抵抗运动的第一枪。玛格丽特和罗贝尔就是在此时加入了抵抗组织，做起了掩护组织的工作。当时，罗贝尔担任信息部的宣传秘书，和当初服兵役时认识的密特朗有了工作上的接触。这个弗朗索瓦·密特朗就是未来斡旋在法国政界的领袖人物，多年后，他凭借多方面的外交手段，纵横捭阖于官场之间，不仅拉拢了德国阵营，还连任总统一职，不仅稳定了动荡局势，还加速了欧共体的统一。当然，这都是后话。

1944 年初，玛格丽特辞去工作，彻底负责抵抗运动的工作事宜。

结果在这年春天，罗贝尔·昂泰尔姆和他妹妹玛丽·路易丝都不幸地陷入了盖世太保为抓捕密特朗而设下的陷阱，和众多抵抗组织成员一起被捕入狱，随后遭到放逐。罗贝尔是那些被捕人中少数生还的一个，而他的妹妹玛丽·路易丝在经历放逐和集中营的非人生活后，还没能回到法国就去世了。

得知丈夫和小姑子被捕入狱，玛格丽特惊慌不安。她很想知道自己的丈夫被关押在何处，她去找盖世太保，还整理了一些衣物想交给丈夫，结果却发现很多人都在盖世太保的办公室外等候。她等了很久，最后被赶了出来。她还是不死心，想给自己的丈夫送包裹，为了一张送包裹的许可证和不死心的营救计划，她遇见了一个人。正是因为这个人，她把这个被捕和营救的事件亦真亦假地写进了《痛苦》中，这个人是查尔斯·戴尔瓦。那本《痛苦》并未给他带来伤害，受到伤害的，反而是他的妻子。

根据乔治·博尚所说，有人曾在罗贝尔被捕的时候见过玛格丽特，当时她往索塞街走，看见戴尔瓦就习惯性地给他使眼色。为了能给丈夫和小姑子送包裹，玛格丽特在戴尔瓦面前大显魅力，戴尔瓦也认为她非常迷人，明显地开始向她献殷勤。而玛格丽特则不动声色，任其表演，即使她感觉难以忍受，也没有反感的表示。也许是想尽快营救出他们，她已经崩溃到无所顾忌的程度，对于不利的现状，她空有的只是这身皮囊，如果喜欢，尽管拿去。她只有一个念想：营救。

惶恐，疲累，煎熬，心惊胆战……这些纠缠的词语反复地缠绕，就像背负着食物的蚂蚁一般，密密麻麻地围绕在她四周。她像吃了过多的安眠药，徘徊在生与死之间。之后，玛格丽特接受任务时巧遇了戴尔瓦，她走向他，希望能透过他的信息圈了解自己丈夫的近况。因为之前她在申请包裹许可证的时候，戴尔瓦给玛格丽特说，她的丈夫是他亲自逮捕的，而且初审也是他搞的。玛格丽特因此好似找到了方向，她开始经常跟着他，坚持要见他，跟他约会。戴尔瓦也会透露消息给玛格丽特，说罗贝尔将要送往哪里。她想让戴尔瓦把包裹送给罗贝尔，而戴尔瓦也继续欺骗她说自己可以做到，其实他根本就是吹嘘，而玛格丽特还是固执地信任着，甚至将她和戴尔瓦见面的事告知了密特朗。出于安全考虑，密特朗同意她和戴尔瓦继续会面，但要在监视保护的情况下。

他们互动频繁，戴尔瓦没有给过玛格丽特实质性的信息，罗贝尔也从未收到过妻子准备的包裹。她听信戴尔瓦想买通监狱女秘书的计划，白送了一个黄金戒指给他。

大家都质疑戴尔瓦的能力，都觉得是戴尔瓦爱上了玛格丽特，他们和谐得像对情侣。周围质疑声不断，密特朗却很相信玛格丽特，说应该继续保护她，玛格丽特也为自己辩解说是害怕得不到丈夫的消息。她不可能没有质疑过戴尔瓦的骗子伎俩，但她愿意沉溺在这样的骗局中，虽然之后在审判戴尔瓦的时候，她不留余地的证词是想置他于死地，但这也不能否定她有爱过戴尔瓦的可能。当然，要她承认这一点，更是不可能。

过度的投入并没有任何收效，反而组织的活动屡屡受创，密特朗还是信任地保护着她。可有一天，戴尔瓦约玛格丽特出来，拿出了一沓照片，对着其中一张密特朗的照片说，如果交出这个人，罗贝尔就会获得自由。玛格丽特并没有背叛组织，她说如果告诉他这个人的行踪，简直是令人不齿的行为。她通知了迪奥尼斯，让他告知密特朗，密特朗觉得戴尔瓦手上的那些照片若被盖世太保知晓将会是一大隐患，所以他们决定枪杀戴尔瓦。迪奥尼斯负责这项任务，但是戴尔瓦太过狡诈，并没有给他们留下钻空子的可能。

局势越加紧张，他们都恐惧死亡的降临。组织的负责人陆续被捕，戴尔瓦的重要性越来越小，他充其量就是个德国警察。危机感逼近，玛格丽特反而着急组织什么时候能把戴尔瓦给解决了。在几次枪杀失败下，任务越加艰巨。其实，玛格丽特能活着已经算是万幸，因为当时有人说要把戴尔瓦身边那个小个子女人也一并干掉。

在最后一次暗杀行动失败后，她结束了这场诱饵游戏，之后，他们没有再见面。再见的时候，玛格丽特已是一心要置他于死地。1944 年 9 月，戴尔瓦被捕，为了寻找证据，迪尼奥斯去找资料，遇见了戴尔瓦的夫人波莱特，他带她跟戴尔瓦见面，结果并没有取得什么证据。在他看来，戴尔瓦只是盖世太保的走狗，并没有实质性的权利。玛格丽特要迪奥尼斯对波莱特动用武力手段，迪奥尼斯拒绝了。

迪奥尼斯对这个无辜可怜的美丽女人充满了同情，因为他知道波莱特深爱自己的丈夫，也明白她丈夫虽有罪过，但罪不至死。但玛格丽特并没有那么好说话，她把仇恨的庚气都加诸给波莱特，对她进行残酷的审问，变本加厉的折磨和侮辱强压在这个手无缚鸡之力的女人身上。

玛格丽特自罗贝尔出事后就没和迪尼奥斯发生关系，虽然他依然陪伴在她的身边，但这个时候，迪尼奥斯身边出现了一个女人，后来还给迪奥尼斯生了一个孩子，而这个事情，玛格丽特到死都一无所知，这个女人就是波莱特·戴尔瓦。

当时，迪尼奥斯是法国武装部队的少尉，也是戴尔瓦案件的听证人之一。玛格丽特说了很多不利于戴尔瓦的证词，包括戴尔瓦每月十万法郎的进账和平日兜售油画和旧书的行为。而就是这个事情后的一天，迪奥尼斯敲开了波莱特的家门，对她说："逮捕您的时候，好像有人将您家洗劫一空。我是来道歉的，并且把东西还给您。我还找到了您的照片，现在我还给您。"波莱特表达了感谢后，他们私下渐渐有了密切的来往，因为迪尼奥斯也做了她丈夫曾经做过的事情，他答应波莱特会尽力营救她的丈夫。

如上所说，玛格丽特在法官面前并没有好言，甚至记者都说，多亏了昂泰尔姆夫人，一切都完了，戴尔瓦的命运从此再也无法逆转。迪奥尼斯安抚受惊的波莱特，并出面找玛格丽特要她收回第一次的证词，迪奥尼斯不可能会说他和戴尔瓦夫人的这层关系，但是我想他会从戴尔瓦并没有做出什么伤天害理的角度去劝服玛格丽特，让她手下留情，不要置他于死地。虽然玛格丽特听从了迪奥尼斯的话，在第二天推翻了昨天的证词，说了戴尔瓦的一些好话，但并没有改变审判他死刑的结果。因为在审判尾声时，有别的受害者说被戴尔瓦敲诈了四十万法郎才营救出自己丈夫。没有峰回路转的可能，查尔斯·戴尔瓦在 1945 年初被枪毙了，他的妻子也只能接受这样的结果，但她并没有和迪奥尼斯断绝关系。

在 1944 年冬，玛格丽特·杜拉斯出版了《平静的生活》，里面详尽写了自己和小哥哥不为人知的乱伦关系。出版这本书的期间，她在等候着远在集中营的丈夫，因为她得到消息，罗贝尔并没有死，他还活着。之前在未知的情况下，她寝食难安，没日没夜地哭泣着，甚至决定，如果收到罗贝尔死亡的消息，她也要为他而死。幸亏密特朗打来电话说他活着，在临时搭建的医疗棚房里，罗贝尔的体重只剩下三十五公斤，他患了伤寒，他们不肯放人。

罗贝尔给玛格丽特写的第一封信上说："我的小宝贝，终于能给你写这封信，是在这世界的悲惨中，在痛苦中赢得的时间。一封情书。再见，玛格丽特，你不知道的，你的名字令我这样痛苦。"在绝地逢生的昂泰尔姆，心心念念的都是玛格丽特，他想她，想到无法触摸她细密的发丝，抚摸她吹弹可破的脸颊，渴求的热吻都是遥不可及，仅有的名字都像诅咒一般，只能萦绕在他的到大脑里。

在 1945 年 5 月 1 日，罗贝尔写道："我已经被释放两天。我很高兴，并且我们都很好地保持了体力。拥抱大家。"5 月 6 日，他又写道："我必须回去，我没有生病，但我精疲力竭，因为集中营的生活实在太累人了。在这八天里，我可能老了一百岁。剩下的就是幸福了。和你在一起，玛格丽特。"

玛格丽特收到罗贝尔的信后，在难以掩藏的激动下，她立即执笔写道："你活着，你还活着！我也不知道自己从哪里回来的，我在地狱中坚持了多长时间……我从不知道我是从什么地方回来的，亲爱的罗贝尔，我的宝贝……你要有耐心，不要吃太多饭，不要喝酒，最好滴酒不沾。天气很好，这就是和平，明白了吧！罗贝尔，今天的天气多好啊，你牵制着我的生活，我引以为自豪的是，我和你生死相随。"这激情澎湃又细语柔肠的文字，啃咬着罗贝尔的内心，他激动得无以言表，我的宝贝，我爱的人，她还在。

密特朗、博尚和迪奥尼斯思考再三，决定帮助罗贝尔逃走，而且也成功出逃了。而罗贝尔的妹妹玛丽·路易丝却在另一个集中营里气若游丝地等待死亡。

罗贝尔虽然逃出，但医生看后都说他命悬一线，活不过今天晚上，而玛格丽特不死心，又找了一个营养学家为其治疗，命大的罗贝尔终于逃出了死神的禁锢。

1945 年 5 月，罗贝尔回到了圣伯努瓦街，曾经的伙伴都为这个经历了九死一生还能坚强活下来的朋友而庆幸。玛格丽特耐心地照顾着虚弱的丈夫，大家都来看望他，迪尼奥斯也陪在她的身边，他们见证了罗贝尔的新生。他一点点地复苏，像是被光热迅速发酵膨胀的面包，有了日渐精神的面庞。在疗养院期间，她也没有闲着，处理了伽利玛纸张匮乏和她的作品重印的问题。

在巴黎附近的疗养中心，罗贝尔的情人安娜·玛丽也会常来这里。

不知道出于嫉妒还是不甘，玛格丽特又恢复了外遇，和迪奥尼斯的情人关系又死灰复燃。徘徊在两个男人之间的玛格丽特，发现丈夫和迪奥尼斯的友谊超乎寻常。她甚至不知道该选谁，对这样的窘境，她很失措。所以，她提笔给迪奥尼斯写了一封信。

　　罗贝尔睡着了。他非常爱你。他对我说，他觉得自己把你弄得疲惫不堪。

　　也许我们永远不能在一起。

　　一切都不可挽回。再也不会有你的孩子了……

曾经那么信誓旦旦地扬言要为他生孩子的女人，已经直白地拒绝和他来往。虽然有些伤感，但对于多情的迪奥尼斯来说是无关痛痒的，他还有别的女人，他开始躲着她。

之后，因为日本拒绝接受《波茨坦公告》，美国按原计划在1945年8月6日对日本广岛投下了原子弹。在玛格丽特的心里，日军曾是大规模在印度支那屠杀国人和当地民众的凶手，虽然可恨，但她是个宣扬和平的女子，她对广岛那些无辜的民众还是报以怜悯。

在她之后的作品《广岛之恋》里，她说："什么也看不见，什么也写不出，什么也说不了。真的，正是因为无能为力，才有了这部电影。"

在这部电影里，能看到死亡的阴霾，情欲的起伏，而在这灾难性的爱欲里，他们已婚，却对婚姻格格不入，就像是纳韦尔被剃了光头，广岛瞬间被灰烬一般，相互交叠的不是欲望而是悲剧性的高潮。那些孱弱无辜的凡夫俗子，在战争的炮灰下伸展着最溃烂的肢体，他们是亟待拯救的灵魂，他们让爱欲情仇在这一瞬间都失语，让全世界都记得这不堪一击的大地。

有人说，凡是不能实现的爱情就叫作广岛之恋，但实际上，凡是不能剔除的毒瘤也都是广岛之恋。它的意义不仅限于爱情，那些无法忘却的伤痕更无法扼杀。对战争的驳斥和对灾难的忘却，应该才是广岛之恋中最深沉的意义。

6月底，罗贝尔离开疗养院，他们在安纳西湖边的圣若里奥附近的一家旅馆安顿了下来。他体重增加了，人也胖了。罗贝尔觉得这是为了妹妹，因为那时他就已经得知自己妹妹玛丽·路易丝殁了，再也无法和她重逢。

虽然玛格丽特很尽责地照顾着复健的丈夫，但内心上无数只蚂蚁撕咬着她最后的理智，她举棋不定，犹豫不决，最后又开始背着罗贝尔给迪奥尼斯写信去了。

"我想你。我终于相信这根本是不可能的。"

"我的上帝啊，如何才能活得本质一点呢？你给我带来了怎样的孤独啊。"

罗贝尔应该感觉到玛格丽特对他的疏离，他曾在集中营里每分每秒地思念自己的妻子，虽然他有情人，但是他爱着玛格丽特，他很想让他们的感情继续维系下去。可玛格丽特拒绝了，她在 1945 年 8 月 7 日凌晨 3 点 12 分写信给迪奥尼斯。

"不，我不玩双重游戏。在这里，没有人碰我。我会忍不住大叫大喊的。"

"我们要个孩子吧……我没有孩子……没有自己的孩子。"

"我不幸福……罗贝尔已经猜到我不属于他了。他对我同情得要命。"

这个为爱疯狂的女人，要为他舍弃自己的丈夫，还要为他生孩子，玛格丽特对迪奥尼斯的饥渴，已经到了来势迅猛且不可阻挡的地步。

玛格丽特·杜拉斯写过这么一句话："人们听到肉体的声音，我会说是欲望的声音，总之是内心的狂热。听到肉体能叫得这么响，或者能使周围的一切鸦雀无声，过着完整的生活，夜里和白天都这样。如果你没有体验过绝对服从身体的欲望的必要性，就是说，如果你没有体验过激情，你在生活中就什么也体验不到。"亦或许他们都曾沉湎过对方的身体，才深知能爱到无法自拔。

终于，迪奥尼斯还是回来了。

"他像是要打人，愤怒让他昏了头，而他也只有发泄出愤怒才能继续生活下去。"罗贝尔知道玛格丽特终要离他而去。虽然这个名义上的妻子还是那么尽责地照顾着他，但是她的心早已远离，如同他们曾经早夭的孩子一样，不可复存。

罗贝尔在这个时期写过一首诗。

这是我的朋友

他对我说了一切

他的脸只有一点点红

双手在颤抖

而我，我迈着局外人的步子

走进他的故事

然后我把他抱在怀里

瞧，让我们哭吧，哭吧

他看着我，我的朋友，他站起身来

在钢琴上弹奏了

四五个音符

他走了

我呆在原地，浑身脏兮兮的

在床上蜷成一团

抱着这个故事

这是我的朋友

他对我说了一切

　　生活不是情景剧。每个人的世界观不同，即便处在同一片天空下，倘若走的是独木桥，再拥挤也只能是一个人的独行。天空很大，我们拥抱不了，大海很深，我们无法徜徉。生活就是如此，叹息物是人非，最后可能是转眼成空……

法国人的爱情并不需要同情这个字眼。夫妻一场，露水之欢，一刀切割，一念缝合，没有撕裂声，他们不用证明什么。三人行，最终还是要有个人走上独木桥。

迪奥尼斯的坦白比原子弹更具杀伤力。他们谈了很多，从生到死，他接受了这个事实。

在《痛苦》里，有了一个结果性的答复："后来有一天，我对他说，我们离婚吧，说我希望和迪奥尼斯要个孩子，说离婚是为了孩子姓什么的问题。他问我，我们是不是还有可能再在一起。我说没有，说自从两年前碰到迪奥尼斯起，我就再也没有改变过主意。"

对情人说为他生孩子是情欲起，对丈夫说为别人生孩子是情缘灭。他心如死灰。这样赤裸裸的告白比五马分尸还残忍，比千刀万剐更残酷，他们将缘尽于此。

杜拉斯语录

夫妻之间最真实的东西是背叛。任何一对夫妻，哪怕是最美满的夫妻，都不可能在爱情中相互激励。在通奸中，女人因害怕和偷偷摸摸而兴奋，男人则从中看到一个更能激起情欲的目标。

怀孕了，孩子不是他的

1945 年的秋天，罗贝尔和玛格丽特回到了圣伯努瓦街，迪奥尼斯照旧住在母亲家，平时还是会来往于两地间。

罗贝尔和玛格丽特开诚布公后，他们的关系仅限于深厚的友谊和智慧性的沟通，相互尊重彼此的感情，互不打扰。她能平心静气地在罗贝尔面前和迪奥尼斯谈情说爱，但在外人眼里，她和罗贝尔还是夫妻，为了免于尴尬，他们不得不选择到旅馆去做爱。

玛格丽特是个热情的人，她的家常常宾客盈门，她的厨艺大家有目共睹。圣伯努瓦街渐渐演变成一个乌托邦似的聚集点，他们互相选择自己的重组伴侣，轻偎低傍，耳鬓厮磨，狂欢一夜后，再各自回归自己的家。她很狂热，甚至有人觉得跟她在一起什么都是有可能的。在这里，人们可以轻易交换自己的理想、信念，甚至是性。罗贝尔和另外一个身材姣好、面容青涩的女子发生了关系，这个女人之前还曾是迪奥尼斯的情人。玛格丽特对他们复杂的关系还是忧心忡忡，她没有正式离婚，也只是因为等迪奥尼斯给她一个答复。

玛格丽特和罗贝尔携手成为临时出版商，玛格丽特一边跟情人勾勾搭搭，一边尽力做大家眼里的好妻子，她为这份尴尬的关系而焦灼，她爱迪奥尼斯，她觉得自己忍受不了这份痛苦的煎熬，她觉得他们三人都会被拖垮。可迪奥尼斯并不以为然，他照旧去看他的老情人波莱特。他觉得这并不冲突，这样左拥右抱的日子他很是享受，直到她们都相继怀孕。

玛格丽特并不知道迪奥尼斯有私生子的事情，罗贝尔也是后来才从迪奥尼斯口中得知他有私生子。罗贝尔会选择离开，正是因为玛格丽特怀孕了，孩子不是他的，她肚子里孕育的正是迪奥尼斯的孩子。

玛格丽特并没有和迪奥尼斯结婚，那些客套似的规矩对他们而言并没有说服力。他们觉得没必要用一张凭证来维系双方的感情，合则聚，不合则散。对于能再次怀孕，她是既充满感恩又万分地小心翼翼。那种喜悦就像面对精心包裹的礼物，不能瞬间拆包，但能透过那种素淡的肉粉色包装感受到那种神秘的膨胀。

她耐心地等待着这份礼物的到来，认真地记录着每一刻的变化。"他开始乱动，正好就在我的肚脐下面，于是我把手平放在我的肚子上，感受他。他顶起我的手，在肚子里面到处乱窜，那么调皮，我不禁笑了。我在想，他睡着了没有……"

玛格丽特浓浓的母性情怀越发显露，虽然罗贝尔很想让出他的位置给迪奥尼斯，但是迪奥尼斯婉拒了。他还是习惯每天照旧来圣伯努瓦街，而玛格丽特也沉浸在孕育生命的快乐中。大家都祝贺罗贝尔，因为街坊邻里都以为玛格丽特怀的是罗贝尔的孩子。

这个沉得住气的男人，并没有对任何人说自己的妻子怀的不是他的孩子，除了他的新女友。直到1947年4月24日，玛格丽特和罗贝尔在塞纳区民事法庭办理离婚，她在众目睽睽之下，说出了他们三人尴尬的关系。迪奥尼斯并不满意玛格丽特这样毫不掩饰的坦白，那种嘲弄似的过错感让他觉得很不舒服。

玛格丽特在《痛苦》中说，离婚是为了孩子姓什么的问题。这个理由过于牵强。孩子的血缘无法更改，姓氏也只是一个人的代称，她是个连和迪奥尼斯公证婚姻都不屑的人，而这无关痛痒的姓氏问题更不足以成为她要离婚的借口，这只不过是一种心理上的芥蒂，相比较，那些所谓的嘲弄、耻笑、谩骂她都无所畏惧，对她而言，爱是宣示性的占有，不是模糊的代名词。

1947年6月30日，乌塔出生。这个从她肚里奋力蹦出的孩子是那么可爱，那清亮的啼哭声，蠕动的小肢体，粉肉色的嫩皮肤，每一个轻缓的动作都表示着他活着。玛格丽特喜极而泣，惊喜欲狂，这个礼物似的宝贝，让她终于在生命传承的答卷上交出了一份鲜活的证明，她不再是生不出活孩子的母亲，她没有失去世界（杜拉斯曾说，不当母亲会失去半个世界），她终于可以离开那个阴霾的回忆了。

"他睡了。他和我一样的自由。我的生命与他的生命相连，取决于他的生命，他最微小的一点变化也能牵动我的生命。"

"他笑着，发出笑的声音。有风，这声音的一部分传到我的耳朵里。于是我掀去了童车的篷，把他的长颈鹿给他，想让他再笑一下，我把我的头埋进他的车篷，想要抓住这声音。我孩子的笑声。我把耳朵贴在贝壳上，我听见了大海的声音。"

这个来之不易的小生命，让占有欲极强的她重塑了新的生活。她开始尊重孩子，她要赋予他全新的自由和别样的童年。正因为她不曾拥有过那些无忧无虑的惬意，她就要用生命搭建一座没有喧嚣的童话城堡给他。她极度想让这个眼睛会笑的孩子拥有不被打扰的成长。

她有一种强人所难的霸道，她总是央求着迪奥尼斯说爱她，但他都未回应。因为情感的压力，他连自己儿子满一周岁的生日都拒绝前往庆祝。在感情上无往不利的玛格丽特在迪奥尼斯身上撞到了冰山，她看到不重视的沉默，感受到沉闷的关系里无法黏合的缺口，这种无法逃脱的压抑情绪让她瞬间爆发，她又写信给他。

"你显然是烦我了，你不停地弹钢琴，让我的神经几乎都要崩溃，尤其是你对我的蔑视……我看出来了，你想压倒我，想整平我。"

她在情感的领土上，较真地分割主权。一句"我爱你"可能是对爱的挽留，是对爱的宣告。而在她看来，一句"我爱你"，是一种臣服。

讨厌争吵的迪奥尼斯还是退了一步。他们的关系总是很容易在绷紧快断的一刹那，又瞬间弹性地复合在一块。这或许就是不是冤家不聚头的道理。

玛格丽特有乌托邦情节，她抱怨过法国民众的麻木不仁，她的服从并非真正意义上的服从。之后，玛格丽特的政治性观念言论遭到了朋友的背叛，她被组织驱逐，连同迪奥尼斯和罗贝尔也是如此。他们深陷痛苦也曾极力为自身辩护，但最终他们都接受了事实。

离婚后的玛格丽特与伽利玛出版社签订了《抵挡太平洋的堤坝》的小说合同，她在合同书上签写了多纳迪厄的姓氏，正式脱离了昂泰尔姆夫人的称谓，但笔名不变，依然是杜拉斯。

玛格丽特的作品一经出版，她就带着儿子乌塔去度假了。

《抵挡太平洋的堤坝》出版后收效不显，虽然业界也给予过好评。还一度入围龚古尔奖，但支持率只有一票，可谓是惨淡收场。

1949 年，她的母亲玛丽·多纳迪厄从印度支那返回了法国，在卢瓦尔省买了一座古堡，带着仆人开始了晚年生活。她对大儿子的爱从未变质，她甚至还为大儿子买了地皮。玛格丽特没有计较，她讨好似的让母亲分享了自己的新作品，玛丽也通宵达旦地品读了《抵挡太平洋的堤坝》，玛格丽特翘首期待着母亲的回应，却没想，等到的却是母亲大发雷霆，责骂女儿把自己的不堪往事变成大家茶余饭后的笑料，她甚至盖棺定论，称此书就是高度淫秽的作品。母亲歇斯底里的愤怒让玛格丽特极度失望，好不容易想靠近的心，又渐渐开始疏远。"在她看来，我在书中控诉了她的失败。我揭露了她！她这样理解这本书，成了我生命中的悲哀之一。"

她很想得到母亲的谅解，化解她们彼此存在的误会。玛格丽特邀请了母亲去圣伯努瓦街吃饭，为了缓解尴尬的气氛，她甚至还叫了迪奥尼斯和罗贝尔他们。饭后，玛格丽特有事离开，独留迪奥尼斯和玛格丽特的母亲在谈话，他的言语从礼貌恭敬到大声质问。在迪奥尼斯的心里，他不能理解一个母亲会如此残暴而又绝情地对待自己的女儿，玛丽并没有回答迪奥尼斯什么，她一如既往的冷漠。这个保守的女人，无论在什么场合，她都很注重自己的仪态，她看似没有底线，却又死要面子。玛丽嚷嚷着要回去，直到女儿回来挽留，她都不愿待在这里，而她也从未留宿过圣伯努瓦街。

"她在卢瓦尔·歇尔省，住在一处伪造的路易十四城堡中，生活了一个时期，后来死在那里。"（《情人》）

有些爱，一辈子都在乞讨；有些债，一辈子都未还清。

我爱您，再见

不曾拥有爱的人，对爱才会索求无度。岁月递嬗，不再是少不更事的青年，那些告白如风而逝，那些追求会演变成日复一日的平淡。

迪奥尼斯做到了亲情，却没有做到爱情。倨傲的玛格丽特是那么喜欢迪奥尼斯，但又恐惧于他对自己的不理不睬，他并不像自己喜欢他一样喜欢自己，这种失落感让她痛苦。他们一直没有结婚，也没有住在一起，这种放任式的爱情令她喘不过气，她想独自生活。

"我爱您，但是由于您始终不肯承认这份爱，我希望离开您，非常希望。我在一种奇怪的境遇中，没有悲伤也没有欢乐。当然，我想得到您的吻，并且只有您能够让我满足。我不再害怕孤独。也许我变得坚强了……过了五年这样的生活，我累了……"

她累了，这个在爱情里总是光芒万丈的女人要熄灯了。她要吹灭他们的爱情，浇熄他们的爱欲。她想独自走出去，离开不爱，才能有爱。

迪奥尼斯不同意，他拒绝分开，又不和玛格丽特来往，他们各自消遣，又互相折磨着彼此。他一如既往地和别的女人勾勾搭搭，而玛格丽特为了让迪奥尼斯嫉妒，她去诱惑别的男人，甚至跟不同的情人开房，直到这桩艳史人尽皆知，身边人都极力劝解玛格丽特不要误入歧途。作为和解，她接受了和迪奥尼斯去威尼斯旅行的结果。

一个男人，如果真的爱你，你不用做什么，他都会时刻牵挂着你。风再大，他会来；雨再大，他会等。事再忙，他都会停一停，这是男人愿不愿意的事，而不是拿自己做箭靶，将自己陷入这种万劫不复的境地。这种看似找到了绿洲却还深陷沙漠的成功终究是失败的，她得不到怜悯，更有可能得不偿失。

她笔耕不辍，从未停止续写她的新作品，迪奥尼斯不是罗贝尔，罗贝尔可以轻易地包容她的缺陷，而迪奥尼斯常常不留情面地数落玛格丽特的作品没有自我风格，缺乏新意。

大家都开始谈论她，她的花边新闻甚至超越了她的作品。

她的书不畅销，但她还在疯狂地写作。

她一边大方宴请着圣伯努瓦街的朋友，一边勒紧裤腰带过着拮据的生活。她和迪奥尼斯是一对很怪异的情侣，他们会在众人面前挖苦对方，指责对方，但是他们又会在最后关头握手言和。

玛格丽特觉得自己是孤独的，同时又是富有的。孤独是她一个人的含辛茹苦，富有是两个人的相互陪伴。

1956年8月，玛格丽特的母亲玛丽·多纳迪厄在卢瓦河边的翁赞去世。没有了母亲，她还有孩子，一个赋予了温柔就会回馈笑容的孩子。

知名度提升，年岁增长，她渐渐不再接受任何人对她作品的批评。甚至是迪奥尼斯，她都拒绝把初稿给他看，因为她想摆脱他，不仅仅是生活上，还有经济上。为了生活，她开始接各种报纸、杂志、出版方的邀请，她甚至自行调高价码，罗贝尔知道后很动怒，他觉得她是在堕落，玛格丽特只好暂时不写，不过她还是发挥了她专横式的霸道，她嫉妒，一点点琐事都能使她动怒，她的占有欲让别的女人都很害怕。

她用《抵挡太平洋的堤坝》改编的电影版权收入在塞纳—瓦兹省的诺夫勒堡买了房子。诺夫勒堡只是一个地名，而并非城堡，这里有一座矗立的水塔，而这水塔对玛格丽特而言是不美观的存在，她让人堵了它，蛮横地不允许别人在她面前提及这个敏感的水塔。

她的房子建在平原上方的高处，要穿越毫无人烟的森林，屋子视野很好，居高临下，静谧而又不被打扰。通往她家的路上有知名的旧磨坊小路，一路上能看到素淡的紫色小花。有含苞吐艳的丁香，有如蝶翩跹的鸢尾，还有细枝缠绕的青藤，上面垂挂着如瀑下垂的紫藤花。这是被紫色包裹的仙境，一切美不胜收。低矮的小房子簇拥其间，小道上四溢着奶酪和面包的香味，每当整点到来，远处教堂还会传来叮叮当当的钟声。这里是被现实切割过的童话，时间静止，喧嚣远离。这里就是她的精神乌托邦。

在一个酷热的夏天，烈日灼灼，火云如烧，玛格丽特开车带着儿子去了特鲁维尔。她本以为迪奥尼斯也会来，结果只剩她和乌塔。她太疲倦了，觉得自己已经超出了忍耐极限，于是选择写下最后的一封信给迪奥尼斯。

"您从来没有和我说过。我说的关于您的……我欠了您什么？四十二岁，我不想再继续以前的生活。我太累了，请您原谅。似乎我以前所有所有的巨大的善意已经被劫掠一空。也许是我的错。我的童年无名无姓，我曾经一无所有，所以您辱骂我的时候我都觉得是对的。我想要在您的身上得到这世界所有的美好。但是，如果您想在我身上得到这种美好，我却不愿意。"

他们爱到不复初见。一次次的推开，一步步的退让，伪装的坚强也会有不复存在的一天。有种熟悉是从陌生开始，有种陌生是从熟悉结束。爱到疲劳，爱到负累，爱到如此的盲目。像个瞎子一般，恨不得戳瞎了双眼，才能无牵无挂地告别。

是啊，告别。迪奥尼斯问玛格丽特："你究竟对我有什么不满？"玛格丽特干巴巴地回答说："刚才您还用你来称呼我。"

再见亦不必违心地破口大骂，只需一个小小的借口，就能轻易地解开所有的牵扯。渴望的给予不了，奢望的也从未付出，不用每天翘首等待，不用自欺欺人地愚弄自己。解放了，终于可以安静地睡下去，明天太阳依然会照常升起。

收回了失去的领地会过得更好，如果得不到，宁可颗粒无收。

撒谎的男人

《塔吉尼亚的小马》里，萨拉说："他经常欺骗我，而我至今还没有欺骗过他。"

萨拉是玛格丽特，而那个他是迪奥尼斯。她修补着他们破洞百出的感情，除了肉欲，就剩下可怜的爱情。唯一的馈赠只是乌塔的存在。有人说，玛格丽特是一个容易被骗的女人，何不说她愿意被骗呢，虽然他们分开了，但她到风烛残年，气若游丝那刻，还惦记着迪奥尼斯的好，甚至还夸他风度翩翩、英俊潇洒。原以为是属于自己未来的人，走着走着就匆匆谢幕了。或许这就是世事多变吧。

1956 年 9 月，玛格丽特的第一部戏剧《街心花园》上演，这部剧没有获得好评，她似乎习以为常，她又投入了新的热恋当中。

她爱上了一个忧郁迷离且博学多才的男人，他叫热拉尔·雅尔洛，是个记者，也是作家。他欣赏玛格丽特，玛格丽特也痴迷于他，双方都有文学的热情，同样也对彼此有肉欲的需求。

热拉尔在阿拉贡的报纸《今晚》任编辑，他出生在资产阶级家庭中，少年成才，二十岁就出版了自己的小说。虽然他比玛格丽特小，但热拉尔结婚早，他已经是三个孩子的父亲。玛格丽特称他为"撒谎的男人"，而他的朋友形容他是爱吹牛的但同时又具有稳重一面的男人。不难看出，热拉尔在言语上是很讨人女人欢心。吹牛也是一种本事，过头就是夸夸其谈，得当就是张弛有度。这样的男人，无论在哪里都是左右逢源，更何况他天生帅气，玛格丽特在《物质生活》中说到过他："这个男人是个非常有天赋的作家。他很细腻，很古怪，很迷人，他还很健谈，身上有很罕见的品质。"

热拉尔是个有怪癖的人，他会给同事说他和玛格丽特做爱的经过，他还邀请伙伴去观摩他和玛格丽特做爱。玛格丽特是个沉迷肉欲的女人，她甚至豪放地说，我爱男人，我只爱男人，我可以一次有五十个男人。

她为何要用这么确切性的数字去表述肉欲，因为每当她产生欲望的时候，她就相爱。她觉得如果欲望受蔑视，遭蹂躏，那就是对肉体犯下的一桩罪行。解放肉体的同时也是在残杀肉体。爱，是一种激情。

她的生活被热拉尔打乱了，她陷入了这疯狂的爱欲中，最为典型的事情要属她母亲去世时，前一天她烂醉如泥，第二天就要奔赴葬礼。结果，热拉尔和玛格丽特开到半路就爱欲渐浓，还没到母亲家就折转到附近的旅馆里。

"我们又做了。我们无法说话，只是喝酒。他很冷血，一边喝一边打。打我的脸和身体的其他地方。我们无法彼此接近，我们很害怕，一直再抖。"热拉尔在旅馆里并没有参加葬礼。玛格丽特参加完葬礼后，又回来继续和热拉尔做爱。

酒精麻醉着他们的神经，他们互相暴力地殴打着对方，那些累累伤痕是他们相爱的证明，这种性虐恋是玛格丽特不曾有过的经历，他们浓情似火地燃烧了整个冬天，以致她无法专心投入写作。

值得一提的是，有人曾告诉玛格丽特，说玛丽在生命终结的前一刻，还眷恋不舍地搂着大哥皮埃尔。这个扭曲的家庭本来就不让她喜欢，更不要说如此搂抱。大哥皮埃尔唤来了公证人宣布遗产分配，玛格丽特遗憾的不是母亲没留多少遗产给她，而是母亲从未真心接纳过自己。她越发感受到了孤独，之后皮埃尔把家产挥霍殆尽，直至穷死，她都冷漠处之，因为，她不想记得那些与自己格格不入的亲情。

1958年，玛格丽特的知名度又到了一个高峰，她的小说《琴声如诉》出版，她还在《法兰西观察家》工作，甚至她曾经不卖座的《街心花园》上演了三十场，她从文学作品跨度到新闻报刊再到戏剧，最后还涉猎到电影。

勒内·克雷芒把她的作品《抵挡太平洋的堤坝》搬上了银幕，在这一年的各大影院都在放她的作品，虽然她不满意勒内·克雷芒拍的电影效果，但在接受访问的时候，她还是违心地对媒体人说"这是一部很美的片子"，因为她要借机宣传自己的作品，让《抵挡太平洋的堤坝》小说可以再次大卖。"有些人也许会因为作品而感到尴尬。对此我根本无所谓。我没有什么再好失去的了。既然我已经把它写了出来，我早就冒了这个险，早就不顾体面了。"

其实，在辉煌的背后，还有很多不为人知的事情。比如她暂时离开老东家伽利玛，投入了新东家子夜出版社的怀抱，当时出版的《琴声如诉》就是出自子夜出版社。

她是个性情中人，极度需要被重视。她觉得含辛茹苦孕育而出的作品在伽利玛出版社并未得到关注，而子夜出版社的阿兰·罗布·格里耶欣赏她的作品，给她很大的肯定，甚至让她不要继续传统，让她大胆突破以往作品。他用了两年的时间，成功说服玛格丽特加入了子夜出版社。

玛格丽特听从他的建议，写信告诉伽利玛，希望允许她将下一本书放在别的出版社出版，她说希望趁这一本书出来的时候分手。她决绝地用分手来表达她和老东家间的感情。长期的合作伙伴突然要离开，伽利玛出版社的当事人当然也有挽留，回信告诉她不要意气用事，她的作品在这里依然能得到很好的保护。而玛格丽特还是请求给予自由。

在她完稿《琴声如诉》后，伽利玛让步了："您就把这部手稿给别人吧。但是我相信您肯定会把以后的所有小说都给我的。"这巧妙的回答没有切断他们之间的关联,在后期,她大量的作品确实在不同的时段出版在这两家,她在不同出版社间穿插,感受着给予她的肯定。她是个感性的人,她要的是赞美的肯定而不是不理不睬的忽略。如果你漠视她,她就会离开你的怀抱,如同当年她对迪奥尼斯一样。

机缘巧遇,法国的阿兰·雷内导演要拍一部长胶电影,是关于广岛的纪录片,他遇见了玛格丽特,对她说:"您只要负责文学的一面,不要管镜头的事情。"历时九个月,她完成了《广岛之恋》的电影剧本。1959 年 5 月,这部剧代表法国参展戛纳电影节,轰动了整个西方影坛。

值得一提的是,电影的片头有热拉尔的名字,他是这部电影的文学顾问。这个男人在她的生活和作品中还是层出不穷地出现,他既没有丢下自己的家庭,又时不时地跟玛格丽特温存一番。他经常出差,玛格丽特默默地期待着他的到来。这个喜欢叛逆不喜欢温顺的女人,突然像依附的藤萝,顺从地黏合着他,配合着他繁忙的时间,甚至他要求她在文人圈子里给予他保护,她都同意了。热拉尔也渐渐融入玛格丽特的圈子中,他的幽默、圆滑、机智、聪明都能博得大家的欣赏,但是他的撒谎癖好还是让玛格丽特抓狂。然而她的朋友却说,玛格丽特和热拉尔一样善于撒谎,他们互相欺骗。

这种另类的交往关系实在让人瞠目结舌。相比于撒谎,她更厌恶背叛。阿兰·雷内成名后,就没有找玛格丽特写剧本,他希望和不同的作家接触，但是这样触犯了玛格丽特的禁忌，玛格丽特认为如果你需要我，你就要一直跟随着我的步伐，不许朝秦暮楚，不准移情别恋，而阿兰·雷内的做法让她认为这就是背信弃义。嫉妒和恨意的交叠，让她永远都不会忘记阿兰·雷内的背叛。

玛格丽特魔鬼似的控制欲让人惊诧。她越发勤奋地写作，写得越来越多，四年写了六部作品，从戏剧、电影到小说，她一一涉猎。她开始酗酒，没日没夜地喝，甚至还偷喝热拉尔公寓的私藏，她渴望用自己的作品拴住他。即便他欺骗她，玛格丽特还是爱他，爱到为他梳理他的作品。正因为她的帮助，热拉尔熬了十年的大作《狂吠的猫》才能那么快正式出版。他在接受访谈中说道："我花了十年的时间写成了这本书——此刻分离到来，这对我来说实在是很困难。我成了一个不知所措的父亲，就好像我在原子弹爆炸中失去了我的家庭。"虽然这句只是坦陈他与书的感情，但是他在现实的婚姻中，一直都是婚外情的角色参演者。这本书毁誉参半，但作为梅迪西斯奖评委的玛格丽特还是把奖颁给了热拉尔，他们彼此妒忌着对方，但此刻，他终于踩在了与她相同的位置上，热拉尔感到前所未有的满足。

1966 年 2 月 22 日的春天，热拉尔死于一家旅馆中，年仅四十三岁。当时报警的是一个年轻女性。得知热拉尔的死讯，玛格丽特癫狂了。她不信，甚至找警察找朋友要求再次调查，调查结果是热拉尔本身就患有心脏病，但是为了满足自己那赤裸的淫欲，他无所畏惧，那不可停息的欲念令他疯狂，所以，他最后死在与一位女子交欢的床上。

　　热拉尔只是想和别人的女人激情一番，却没想到用这样的方式了却了生命，他从心到肉体，无一不是背叛着玛格丽特，但玛格丽特像着了魔一样仍然爱着热拉尔，爱到嫉妒和他死前温存过的女人。

06

Chapter

第六章　扬·安德烈亚·斯泰奈

80年夏

"爱情是永存的，哪怕没有情人。重要的是，要有对爱情的这种癖好。"

酒精、写作、戏剧、电影、示威、诺弗勒……这些年，她用文字撑起了爱情，用戏剧演绎着她的情欲，用电影记录着她的怒吼，用示威抗议着不公，她蜷缩在她的小宇宙里，一次次爆发，和这些事物轮番交战着。玛格丽特乐此不疲。直到1980年的夏天。

那个二十七岁的男孩款款地向她走来，他叫扬·勒梅，是在康城读书的一名哲学系学生。他是玛格丽特的忠实读者，虽然他们相识于

1980 年，但他很早就拜读过玛格丽特出版的所有作品，只是无缘见面。扬说他第一次读玛格丽特作品《塔吉尼亚的小马》时就对她一见钟情。那个稚气的男孩对这个名叫杜拉斯的女人充满了好奇。

他把所有别人的书都扔掉，只读杜拉斯的作品。他不认识玛格丽特，对她一无所知，没有人跟他提起，也没人问过，他就这样默默地钟爱着玛格丽特的作品，像注入身体里的毒品，直到他再也离不开这份精神食粮。扬在《情人杜拉斯》中说："我是一个真正的读者。我立即就爱上了她写的每一个字，每一个句子，每一本书。我读了又读，把书中的句子完整地抄写在纸上。我想成为这个名字。抄她所写的东西，让自己模糊不清，成为一只抄写她的文字的手。对我来说，杜拉斯成了文字本身。"

不知扬是否把这个举动告诉过玛格丽特，但身为一个作者，如若有读者会如此欣赏、重视、满意自己的作品，一定甚为感动。当然，玛格丽特是另类的，没有人能知道她在想什么，会做什么。或许，她觉得这样的膜拜就跟喝开水一样自然。

曾经有一名记者问杜拉斯："这总是您最后一次爱情了吧？"

她笑着回答说："我怎么知道呢？"

虽然她生命结束之前未曾知晓结果，但扬确实是玛格丽特生命中的最后一个情人。

"我的夜晚不应该再在酒精中度过，我应该早点睡，这样我才能给你写很长很长的信而不死去。"在诺弗勒，她夜夜和酒精为伍，她沉沦在虚幻中，她发现自己胖了，觉得自己不再会有情人爱了，只能对着一个不存在的文字情人诉说自己的不忠诚："我对你产生的这种爱情，我知道它是虚幻的。尽管表面上看起来我爱的是你，其实我爱的仅仅是爱情。"

玛格丽特是个性情中人，她对爱的执拗是常人无法理解与想象的。好比她那难以相处的霸道和专横，懂她的人不会与之计较，不理解她的人只会离她越来越远。与她相处，你如果是一味忍受的态度，她会对你表示厌烦，虽然玛格丽特说喜欢与不爱她的人在一起，不喜欢与太爱她的人在一起，可是她的生活永远少不了恭维，少不了赞美，她是一朵希望被绿叶簇拥的花，在她的人生里，她不屑于当幕后背景，她要的就是主角的气场和王者的待遇。

米榭勒·芒梭在《女友杜拉斯》中写过，她曾看过玛格丽特写给一个陌生情人的信件。

"我总想保留一个地方，让我独自待在那儿，让我可以在那里爱。不知道爱什么，既不知道爱谁，也不知道怎么爱，爱多久，但要自己心中保留一个等待的地方，别人永远都不会知道，等待爱，也许不知道爱谁，但等的是它，爱。我想对你说，你就是这种等待。"

成名后，玛格丽特陆续会在圣伯努瓦街收到书迷寄来的信件，上面这句是否就是回信呢？玛格丽特会打开信件查看，但她不会回复信件给读者。唯独回复的也只有扬，所以，这句话应该是写给扬的。但也许这仅是她凭空写给文字情人的一段话。

扬第一次见到玛格丽特，是在康城的"吕克斯"电影院，那时播放了《印度之歌》，她应邀参加大学生组织的一场关于《印度之歌》的讨论会。扬当时太害羞了，害羞到打消了预想中买束花送她的冲动，他怀揣着一本玛格丽特的作品《毁灭吧，她说》，只想单纯地想要一个签名就好。

这个黑发丝微卷，鼻子坚挺，额头饱满，瘦高，戴着圆框眼镜，一脸憨相的男孩专注地看着他崇拜的杜拉斯。他记得她穿着电影制片人送给她的那件棕栗色皮背心和那件他说穿了二十多年的鸡爪状花纹的裙子，脚蹬威士顿式的高帮皮鞋。扬曾经向玛格丽特借过那件皮背心，但她太喜欢这件衣服了，说："只能借你几天，好让你跟我一起出去。"

扬跟玛格丽特相处了十五年，她的可爱，她的任性，她的易怒，他都看在眼里，甚至玛格丽特对他发泄式的谩骂，都没使他离开她，直至她老死。我觉得扬的可贵之处就在于那种不离不弃的忠贞。

那天，扬坐在正对她位置的第一排，他羞涩地提出了一个自己都迷糊的问题，结果，玛格丽特笑了，开导他说这是一个非常好的问题，也做出了回答。扬沉浸在玛格丽特磁性的话语中，忘记了她说什么，他什么也听不到，眼里只有她的存在，他看着这人头攒动的大厅，他都替她紧张，生怕大家对她的新作品有任何的不满意，多虑到害怕在座的听众会伤害她。

这个暖心的男孩，是如此浅显地暴露着自己的爱意，他想呵护她、照顾她、拥有她，想让她不被外界的任何言语荼毒。扬是在她微茫的生命尽头里闪现的骑士，好似只要给他一匹快马一把利刀，他就能随时奔赴战场横扫天下。

玛格丽特流畅地给扬带来的书签上了自己的名字，扬凝视着她，低声细语地说："我想给您写信。"扬担忧被拒，紧张到连呼吸声都没了，身体不自觉地瑟瑟发抖，他觉得自己的小心脏都快要跳出来，只能这么近距离地观望着她。结果，玛格丽特在书上给他写下了一排细密小字："巴黎，第六区，圣伯努瓦路五号。"她说："您可以照这个地址给我写信。"

"我从来不曾以'你'称呼她。有时，她希望我这样称呼她，希望我以'你'称她，希望我能直呼她的名字。但我叫不出来，这个名字无法从我嘴里说出来。对她来说，这是一种痛苦。"扬对玛格丽特有种谦卑的礼遇，即便是一个简单的称呼。

讨论结束后，那些年轻的学生邀请玛格丽特去酒吧喝酒，喝到深夜两点钟，她准备开车回去，结果扬走过来说，愿意陪她谈谈对她的作品感想，结果，一聊就到很晚。

她走了，"她把我扔在康城火车站对面的那家叫'出发'的小酒吧里……"他默默对她说，"路上小心"，看着玛格丽特头也不回地开车回诺弗勒去了。

扬写过很多信给玛格丽特，她起初都没有回复。扬的来信很短，每天都有好几封，他说自己给玛格丽特寄了好几箱的信件，当然，他不期望玛格丽特会回信给他。"没有回信可等。我什么都不等。但我在等待。

我继续按那个地址写信。那条马路我并不认识，那个套间我并不熟悉。我甚至不知道这些信她是不是都看了。我甚至连想都没有想过。"

当然，不奢望不代表不期待，不放弃不代表不难过。

扬其实很期盼玛格丽特能给予回信，哪怕是只言片语也好，但她一句也没有。因为她是骄傲的杜拉斯，没必要放下身段去回复一个毫不知晓的读者来信，虽然她还是会看扬在信上说些什么，毕竟在众多读者的来信中，扬的与众不同在于他的持久，还有那奉她若神明的崇拜心理。

没有情人的相伴，没有爱情的滋润，她像缩水干瘪的萝卜，脸上堆满岁月馈赠的褶痕。在乏味生活的腌制下，她聆听着这些渴求的心声。除了酗酒和写作，就剩下孤独与她为伍；直到有一天，她在诺弗勒的家中病倒。虽然诊断医生说她患的是忧郁症，但准确来说，是酗酒导致的。

当浮华褪尽，寂寞成了窃贼，掏空了欢声笑语，留下这空荡荡的凄冷。

她不是闲适在家捧书静读、独坐品茗的女子，她害怕孤独，玛格丽特宁可透支生命，也不想感受这四周鸦雀无声的清冷，因为这比死亡更为可怕。所以，她提起笔，絮絮叨叨地给扬倾诉这段时间病痛的折磨，因为酗酒让玛格丽特陆续在医院住了好长时间，她也不知道自己为什么喝成这样。"我病了，现在好多了，都是酒闹的，我好多了，我刚刚写完了《奥蕾莉亚·斯坦纳》的电影剧本，我想其中有一段是为你而写的……"扬成了无声的知己，去信的知音，她甚至为扬创作，为扬而写。

玛格丽特给扬寄去了一本书，是她在子夜出版社推出的作品《坐在走廊上的男人》，但扬并没有领悟到书中的内容，他很恐慌于这种残缺的了解。这种无法表达又空缺回复的状态让他很无奈。而玛格丽特继而又给他邮来了第二本，因为她以为扬并没有收到书，而扬还是没有答复，继续无声的空白。就这样，玛格丽特源源不断地给扬寄去新的作品。

直到玛格丽特给他说，我病了。"我不认识你，我读了你所有的信。我都留着呢！我好多了。我停止了喝酒。我要做这么一件事，拍电影，我将不那么孤独。"

她把自己最隐秘的私生活呈现在扬的面前。言外之意是其实我很孤独，你的每一封信，你的问候，你的叮咛，你的嘱托，我都记挂在心。你是绝望重生中的灵药，是寂寞难耐里的暖炉，纵然飞鸟与鱼难以相逢，但我们可以从虚空的天桥上走过，即便落差和险阻是如此明显，但你不再陌生，你复苏在我的笔下，我不再孤独，因为有你。

"也许我说我喜欢你，就像我几乎喜欢我所有的电影一样……"

就这样，他们又开始了信件的往来。7月的一天，扬打电话到特鲁维尔，他每周都在关注她写在《解放报》上的专栏文章。他知道玛格丽特在特鲁维尔，扬请求去看她。

"为什么？"

"为了相识。"扬说。

"不，我有工作，再说我不喜欢新朋友。"她是倨傲的，扬长时间没有答复，让玛格丽特既兴奋，又变相地抗拒这份相识的机会。她不想那么仓促地见面。

过了一会，扬又给她回拨了电话。结果只听见电话里没有言语的嘟嘟声。

她去意大利参加电影节。扬依然不死心地给她打电话，直到玛格丽特回来的那天。

"她开口了，说了很长的时间。我担心没有足够的钱付电话费，我在康城的大邮局里打电话。我不能对她说别讲了。她忘了时间，说：'来特鲁维尔吧。这里离康城不远。我们一起喝一杯。'"

来特鲁维尔吧

特鲁维尔是座海滨城市，是法国卡尔瓦多斯省的一个市镇，一般人习惯称它为特鲁维尔，按法文注解，它的意思是"洞穴之城"。

是否真有"洞穴"尚不可知，但玛格丽特曾说，只要她一离开特鲁维尔，就有阳光亡失之感，更描摹过一种恐慌之感："什么东西穿过了那里，但我没有看清，因为我们可以越过门槛而意识没有清晰的反应，也许是门槛太黑。此后，我便陷入了最黑的地方。让我叫出声来的就是这些东西。"

或许这就是传说中她一直找寻的"黑洞"，深不见底又赋予她"一生中黑暗的悲伤",隐匿而强大地助推着她不断地用文字创作,用文字探寻。

玛格丽特很喜欢特鲁维尔,曾说想死在这个地方,而黑岩公寓是她在写《昂代斯玛先生的午后》时新购置的房产。她很喜欢特鲁维尔的大海,对于自称"宇宙人"的玛格丽特,更想贴近这看不见尽头,深邃得让她想一探究竟的未知地域。这里时刻都涌动着她源源不断的激情,起伏跳跃的灵感,还有她那叫嚣骚动的欲望。

29 号的那天,扬一个人坐车到了特鲁维尔,他在电话亭里给她拨去了电话。结果玛格丽特说:"如果你愿意的话,我们两个小时以后见面。我正在工作,难以脱身。"

那天下着雨,扬拿着伞,既紧张又无措地看着陌生的街道。川流不息的人群,这个笨拙的年轻人突兀地站在那里,等待着玛格丽特。冷风瑟瑟,雨夜的天幕被水墨之笔调成了黑色,他遵循诺言,在两个小时之后,他又拨去了电话。

"还没完,七点钟左右再打电话给我。到浴场路去买一瓶红酒。"

对一个素昧平生只是在书信间往来的朋友说这样的话,对别人而言可能是唐突,对玛格丽特来说是最平常不过的一件事情,她觉得客套是最无可救药的造作。

他依言而行,买了酒去找她。玛格丽特在黑岩公寓的卧室阳台上等他,她看见扬徐行漫步地走来。

他敲了门。玛格丽特没有应声。

"是我，扬。"她还是没有发出声音，也没有开门。

他再敲了敲说："是我，扬。"

她终于开门了。

玛格丽特仔细地观察着扬："您是那种布列塔尼人，高而瘦，我觉得您很优雅，非常谨慎，甚至您自己都不知道您很谨慎。"

她拥抱了他。他们像久而未见的朋友闲谈而坐，一边饮酒，一边谈着自己的新作和见闻，她很自然地给他介绍起了她的起居室，和她所熟悉的一切。这让他很快地融入她的言谈中。

夜渐深，扬问她是否知道附近的旅馆。玛格丽特说现在是旅游旺季，一般没有空房，我儿子的房间是空着的，你可以睡在那里。

"我在这里，和她在一起。我留下了。我不离开您了。我留下了。我和您关在这个悬着大海上面的套间里。我睡在您儿子的房间里，睡在第二张床上。您睡在院子那面的大房间里。很快，我也跟您一起睡在那个黑乎乎的房间里了。"

玛格丽特说她喜欢看着大海，看着世界如浪花的碎片向她涌来，孩子欢腾的脚步，动物遗留的残骸和行走的足迹，她和他在那个黑暗的房间里，一起看着外面。

扬走进她的生活，没有半分的突兀，他放下工作，离开曾经的住所。他留在特鲁维尔，她像蚕食的病毒，瞬间席卷了他所存在的世界，他的生命里，开始只能有她存在的地方。

玛格丽特甚至更换了扬·勒梅这个名字，给他取了一个全新的名字叫扬·安德烈亚·斯泰奈。没有欢喜亦没有伤感，他用重塑的自己、全新的名字去融入她，接触她，认识她。她的暴怒、谩骂、呵斥、殴打……都是他以后要面对的。他默默地为玛格丽特充当了多重角色。

六十六岁的玛格丽特和年仅二十七岁的扬正式开始了一场轰动的黄昏恋。

"八月流逝过去的那些酷热的夜晚，墙角下那块荫凉，那些残忍、穿得刺眼、挑起欲望的年轻姑娘，旅馆，旅馆的走廊，荒弃的房间，那里曾经有人做爱，有人写书。"

在那个漆黑闷热的夏天，他们渐渐靠近彼此，颤抖的触摸，笨拙的探索，他们翻越一道道热浪扑袭、荆棘遍布的地域，他们根本不知道这在旁人的眼里是多么疯狂的一件事情，但对玛格丽特而言，这不足为惧。她根本无惧于外界的有色眼光，每一次新鲜的尝试，都是她在人生轨迹里的又一次复活，特立独行的她再次以新事件震惊媒体，震撼世界。

白天，她口述，扬用三个不熟练的指腹给玛格丽特打《解放报》的专栏文章。夜晚，在酒精的催动下，他从生涩痛苦的懵懂到怒吼愉悦的嘶喊。他们是日暮黄昏和晨阳渐起的交叠，黏合搂抱着这个黑暗又激情四溢的一角。

扬说玛格丽特是自己心目中的天才，他坦诉自己也想拥有如此文笔能写出自己的作品，玛格丽特说，我什么也帮不了你，但是你写的信很优美，你可以继续写下去。她甚至夸赞扬用指头打字的敏捷快速。

"我们写着那个灰眼睛的孩子和年轻的辅导员，写波兰、莫扎特之爱和这句老话：我早就爱上你了，永远，永远，我永远也不会忘记您。"

谁先爱上对方，谁就输了，但是在玛格丽特这里，完全颠覆常规。

待了几天，扬走了。

玛格丽特看着空空的邮筒和无声的电话。她焦灼地走来走去，他怎么了，怎么还不来联系我。她感觉自己渐渐不自由。她爱上这个年轻的小伙子了，每当夜深的来临，这幽闭的房间，手表里传来指针走动的声响都能轻易地击碎这里脆薄的呼吸声。想到那些浓重的欲望，她的大脑里又催产了情欲的胺多酚，她又有动力去续写那些爱情。

扬回来了。他们又一块喝酒，说笑谈天。他静默地陪着她，玛格丽特常把自己关在房间里，他就在客厅等着她，他忍受着她阴晴不定的脾气甚至是辱骂殴打，她也会用无辜的神情看着扬说："为什么我会这么恶毒？"

扬也不知道自己为什么能忍受。虽然他常常会消失，甚至一走就是好几天。但他依旧还是会回来。他们是狮子和羊的组合，她随时都想吞噬扬，占有扬。即便恐惧于她的威慑，他还是温顺地服从着她的一切指令，可是玛格丽特不甘心于此，她嫉妒同性恋的扬还有情人，嫉妒自己笔下杜撰的人物，嫉妒这些无法张扬的激情和那令人作呕的词汇。她说这些令人恶心的词汇冲撞在她大脑中，她一时间无法控制那些如潮涌来的难堪。她莫名地觉得在这个世界上或许只有她能忍受这等龌龊。在玛格丽特眼里，扬已经成为龌龊不堪的代名词。

她想哭，比认识扬之前还想大哭一场，原以为只是舆论和年龄的谈资，结果却是一道鸿沟难越的阻隔，她要面对的不仅仅是一点点的距离，甚至更多。

当事情无关于自身，就会觉得一切不融合是如此尴尬又违背伦常，可一旦合于自身，所有的厌弃和谩骂都会破口而出，像是撕裂的一角。疼，只有自己知道，会觉得全世界都背弃自己一般。每个人都有一个黑洞，看似深不可测，但到一定程度，往往爆发力惊人。

玛格丽特的身边也有很多同性恋朋友，她觉得他们身上迸发着一种潜在的力量，这种拒绝性规则又忠于同性伴侣的做法让她觉得震慑。这是不赋予任何责任的相爱，那种挑衅的征服感啃噬着她的每一寸欲望，她想探究他们之间所谓的性问题。她一度觉得扬爱的不是自己，扬爱慕的、忠于的都应该是他的同性情人。

她觉得世上所有的男人都有可能是同性恋者，只是他们还未知晓，因为还没有遇到让他们一见倾心的对象，或者说是遇碘变红般激发的显性人群。她嫉妒得快要发疯，就像"他进入她，享受欢娱。他不是在和她做爱。他做的只是一件事情，对爱情的戏谑模仿。"她没有用同性恋去攻击扬，她在爱情面前束手无策，虽对这些拒绝繁衍生息的男人表示过敌意，但她觉得爱情跟性别、种族、肤色无关。"假如人未曾被迫决绝服从肉体的欲望，也就是说假如人没有经历过激情，他在生活中将一事无成。"玛格丽特无法拒绝肉体的交欢，如果没有，这对她而言等于扼杀欢愉，谋杀生活。

夜里，他深眠在她身上，玛格丽特看着扬鲜嫩的皮肤，他光滑的裸肩上写满了青春的鲜活。在她眼里，扬像孩子，但又跟自己的孩子不同。当她被欲望和激情冲昏了大脑，她就想紧紧抓牢他。但爱不是枷锁，可以轻易关着一个人，也许可以轻易捆绑住手脚，但捆缚不了精神的游走，锁着的心仍在流浪。如果所有的爱不曾回来，再辛劳也是无功，她努力地写着一切，她想献给他，她希望他能留下了，留下他的青春，他的爱情，他的身心，他所有的一切。

之后，她为他写了一部以他名字命名的作品《扬·安德烈亚·斯泰奈》，她用最简洁的笔触去感动这个曾经默默品读了她所有作品的男孩，这是为他量身定做的爱情，她用专属的一本书让全世界都注视到这个年轻羞涩的扬，告诉世人，他在她的眼里是多么与众不同。

之后，玛格丽特写了一部禁忌作品，是关于兄妹乱伦的故事。这部剧对她影响很大，她表现得很激进，因为她讽刺了那些反对乱伦的观众，她觉得那些人根本不了解，是无权对这种禁忌之恋表达个人的片面看法的。他们不知道她有多想念小哥哥，正因为小哥哥不再回来，所以她说，"如果没有我和小哥哥之间的故事，我永远也不会写《阿加塔》。没有对死去的小哥哥的这份深厚的爱情，我就不会写这本书。"她想保护这个小哥哥，她不管舆论对自己如何的讥讽，但攻击小哥哥不行，在她心里，小哥哥是纯粹的、可爱的、英俊的。

玛格丽特虽然是为了打发时间才决定拍这部作品，但她一点也不马虎。她让扬去诠释剧本里的哥哥，她要求扬去领悟剧中哥哥与妹妹间那种虐恋情深又无法在一起的冲动，要把精疲力竭的无望和那种让人窒息又无法契合的命运表达得淋漓尽致，甚至要求他把诅咒似的孤独直逼于人心。她指挥着扬，要他把自己当镜头一样看着，不容许他看别处，只能专注盯着她一个人。她要控制扬，操纵扬，她要他全身心地进入她的故事，她的世界。

1981 年 4 月，《阿加塔》拍摄结束后，玛格丽特和扬就去了蒙特利尔，开始了她一系列的讲座。她在那里窥视自己的童年往事。她越加迷恋自己，夸赞自己，视自己是个天才，包括自己笔下的作品，都是天才的所出。她不觉得这是一种夸夸其谈，玛格丽特甚至认为这是一种谦虚的表达形式，她不惧人们说她狂妄，她很享受那种众人倾听的幸福感。

她的霸道有种独裁的控制欲，在《阿加塔》上映的时候，她特地写文章建议观众别去看，说这个电影不是给你们拍摄的。你们无法领悟其中无法介入的感情，你们不能理解，别去了。的确，这是她闲得发慌的作品，上面的配音、人物、情态、肢体都是扬的，故事也有她自身的投射，她不想把这些内容都曝光给那些不明所以的观众。这是她的，都是她的，如果可以更自私点，她想把他们都裹得严严实实。

"让我们仍然在一起。这个房间是属于你的。我不能忍受我们的分离。我觉得这会是个错误。即使没有欲望，我们的分离也是一种不幸。"她害怕夜晚没有酒的醉饮，恐惧没有扬在身边。

"她把我关在那个漆黑的房间里。不能忍受别人看到我。她想成为我最爱的人。唯一的至爱。没有人能取代。我也同样，成为她最爱的人。"

扬开始怀念从前的自由洒脱，不想像苑囿下的囚鸟，只为观赏喂养，他要自由。

为了挽留扬，玛格丽特写了《大西洋人》，她把绝望的爱注入于此，不管全世界是否与她为敌，不管扬爱的是那个情人还是自己，她要拴住他，牢牢地紧握着。自由，你想做什么就去做什么。但唯独不要让自己感到孤独，感到深夜都能谋杀一个人。

在玛格丽特的感观上，她一直觉得水流有一种神秘的黑色力量，能瞬间吞噬一切。而在那小小的幕布上，她不再怕黑，因为那上面有扬晃动的影子，沉沉的嗓音，扬又演活了《大西洋人》。玛格丽特别无他法，欲望对他而言，只是生活的附加品，扬并不是无欲不欢的人，如果不是自己笔下的字字箴言，他们遇见也会形同陌路。她也曾对扬说，如果我不是杜拉斯，你绝不会看我一眼。扬并没有回答她什么，毕竟，他们相遇就是因为她的书，她的文字。

玛格丽特更较真地说："你爱的人不是我，而是杜拉斯，爱的是我写的东西。"她嫉妒这份不专属的爱情，他爱的或许根本不是自己，而是自己杜撰出来的杜拉斯。她很生气，甚至拿出纸笔让扬写下"我不爱玛格丽特"。她想要死心，只有绝望才能压制自己这份恐慌的痴爱。扬没动笔，也没有说什么，他的无声，衬托着玛格丽特的抓狂，她质问他："要是我一本书都没有写过，你还会爱我吗？"扬持续着沉默，他知道自己回答什么，最后都是歇斯底里的再次盘问。他自己也不好违心地回答说："即便不认识，我也爱着行将就木的你。"这样的谎他说不出。

沉默有的时候很可怕，哪怕这并不是心虚的证明，也会令人气急败坏，口不择言。如果说玛格丽特的文字功底好，那她的伤人口气一点不比她的作品差。她愈发觉得扬是奔着自己的钱来的，才会容忍自己对他的一切不公，换作别人早都走了。是的，他就是这样才来结识自己的。她在大脑里，给自己重新结论了一番，认定扬就是贪慕虚荣、彻头彻尾的大骗子。

"我不认识你，我不知道你是谁，不知道你跟我在这里干什么。也许是为了钱。我先告诉你，你什么都得不到，我什么都不会给你。我了解那些骗子。别想骗我。"这个年近七十的女人，变得咄咄逼人，她想驱赶扬，不仅仅是呵斥，甚至拿起他的东西往箱子里乱塞一通，再把箱子从卧室的窗户丢了下去。她忍受不了背叛，她让扬立马滚出她的家，叫他回康城去。

无辜的扬遭遇了不知道多少次这样的战争，他总是丢盔弃甲地败走，孤零零地拿着手提箱，踽踽独行在路上，一个人从夜深人静走到蟹壳青渐露的清晨。他走到车站，他并没有上车，只是在火车站附近的旅馆暂且休息一下。

这只温驯的小羊，对那个雌性叫嚣的母狮报以原谅的态度，总是以德报怨，仿佛佛祖座下的金童，善待她只是他职责的一部分。如莲子心，苦中带甘。

扬会伤心，但是他不想丢下玛格丽特，他对她的爱，不似热辣的酷夏，也不似深冬的白雪皑皑。他的爱，如初秋般，虽霜叶浸染，但暖如初阳。不知深秋，不晓硕果。

更爱你备受摧残的容颜

很多人认识杜拉斯都是因为《情人》中的那句："我认识你，永远记得你。那时候，你还很年轻，人人都说你美。现在，我是特地来告诉你，对我来说，我觉得现在的你，比年轻时候的你更美。与你那时的面容相比，我更爱你现在备受摧残的容颜。"

很多人并不知道，我更爱你备受摧残的容颜，原话就是出自扬，他用世间最温情的言语告诉众人，他爱她，不是因为她美，而是饱经沧桑的容颜下愈加真实的内在。他从未想过离开玛格丽特。就像玛格丽特希望出走的扬会像当初一样突然地闯入，敲开她的门扉，告诉自己，我是扬，我是你的扬。

消化完悲伤，扬又会默默地提着行李箱回到她的公寓，继续缠绵、受折磨……

玛格丽特之后常常会宣示自己的领地，告诉他：这里的一切都是她自己的，他一个子儿也拿不到，他就像头号吃软饭的废物，他只能依靠她，因为他是寄居在她的地盘里，他无权发表抗议。

扬每次遭受责骂的时候，总感觉有千万的虫蚁啃咬着自己懦弱的心脏，他悲伤而绝望。他从敲开那扇门起，就已经走向了不归路，逃得出那扇门，却逃不出那颗心，那颗她永远都不明白的心。这不是人间，这是地狱，他在试炼自己的忍术，即便痛不欲生，他还是克制着自己。他早已没有防线，甚至是所谓的羞耻心，全世界都知道自己和玛格丽特在一起，他既享受她的荣光，又担心着她可能会遭遇的荼毒，他总会设身处地为她着想，想着想着，苦痛也就算不得什么了，因为她经历过的，比自己多得多。

当爱情遭遇落差，总要有一个人放低姿态，去承接那颗高傲的头颅，虽然无法齐头并进，但是他们是相互合作的。这个世界没有完美，所谓的完美其实也是一个残缺，正如你永远不知道爱是什么。

"除了我，世界上空无一人。事实上，你是我最喜欢的人，我也是你最喜欢的人，胜于世上的任何东西。我们在那里共同生活，是的，永远在一起。但是我们也知道，时间流逝。时间已经流逝。我们还剩下一些时间，必须写些什么。我们不知道说什么。勇往直前。爱。爱得更热烈。爱谁？爱你，爱我。是的，爱得更热烈。"

玛格丽特喜欢开车去兜风，这是她的癖好之一，她让扬去学车，但每次开车去哪儿兜风的决定权都在玛格丽特的手上。她从来没有问过扬要去哪里，她像个发号施令的长官，拥有决定权，扬只有服从，没有否定和问的权利。她让扬载她去看海，沿着蜿蜒曲折的公路，去寻找迷离的刺激。她喜欢那种荒芜的陌生，一种靠近又疏离的味道，不需要一一拜访，也不用去各自道别，只需悄悄地路过。

扬是个很敏感羞涩的男孩，相对于玛格丽特的年纪和阅历来说，他像个孩子。他觉得自己很低微，是招之即来、挥之即去的玩物。在没人的时候，他们依然如同正常的情侣，谈笑风生，促膝而谈，喝酒做爱，一样都不缺。但玛格丽特刻意地在人前疏远他，让他很伤心。玛格丽特是个操纵生杀大权的人，轻而易举就能把他逼至悬崖一边，他没有任何主动权，除了认同，不容拒绝。

扬没有忤逆过玛格丽特的任何想法，她爱吃什么，他就长期地给她做什么，她想去哪里度假散步，他一定会满足她的所求，无怨无悔地包容她。即便她数落他、质疑他、嫌弃他，他都没有反抗。她曾经自恋又奚落地对扬说："告诉我，你能去哪里？你跟一个著名的、十分聪明的女人生活在一起，你什么都不用干，吃住免费。全世界的人都想取代你呢！"

这样超然的古怪优越感是少见的，垂垂老矣的面庞，日渐凋零的配件，还有什么好趾高气扬的？她有才华，就可以一边给扬扣上动机不纯的帽子，一边自我炫耀地觉得世上的男人都爱她？她觉得作为情人，这样无事可做又可以免费吃住的活儿，不是人人都有的。

细想来，这个任由女人指责谩骂还能默默忍受的男人，除了爱，还有什么呢？把一个男人的自尊轻易践踏，不仅仅是让他丢面子，更是扼杀他生存的自信。一会儿需要，一会儿丢弃，反复无常又气焰嚣张，能与之相处，除了爱，找不到更好的词去诠释这份容忍的坚守，因为很多人都做不到，包括那些曾经爱过她的男人。

曾经她央求迪奥尼斯说爱她，可迪奥尼斯拒绝了。

可是，一样的方式，她问扬："如果我们现在相爱，如果你爱我，那就再跟我说一遍。你爱我吗？回答我。"

扬很真诚地说："我爱您胜过爱世上的一切。"

漂亮话人人都会说，但做到的能有几人？大浪淘沙，浮华掠尽，唯有时间，如明镜高悬，看透人心。比起天花乱坠的赞美，一颗执著相守的心才是难能可贵的。扬具备这份可贵，因为他始终如一地爱着玛格丽特。

长期在创作中挣扎的玛格丽特，也承认自己在写作时还算个人，在生活中根本算不上。她离不开酒精，酒能麻痹她抖动的手，是刺激她大脑中词汇跳跃的助推器。她每天饮用葡萄酒的量约五升。扬觉得玛格丽特是在慢性自杀，他很替她的身体状况担忧，只能拜托她的好友米榭勒·芒梭给她寻找私人医生，因为她抗拒医院。自身的抵触情绪，让玛格丽特的健康情况越来越糟糕。

米榭勒·芒梭让当医生的朋友让—达尼埃尔·莱奥尔帮忙看看，幸好这个医生是犹太人，聪明而且幽默，很讨玛格丽特的欢心。他也建议玛格丽特戒酒，因为此时的她，手已经抖个不停，腿脚浮肿到不能走路，基本的漱洗清理都不能自理。让—达尼埃尔·莱奥尔认为脑动脉硬化、肝破裂、栓塞都能轻易摧毁她，面对如此让人无能为力的身躯，她自己也感到很挫败。她像个客人，看着时间如窃贼般一点一点地掠夺，每一天都不知道自己什么时候就会离开，侥幸地多存在一秒，她都想挥霍殆尽。

玛格丽特是专制的，她不容许扬去见任何人，包括扬的母亲、姐妹，无论是他偷偷出去还是接电话，说了什么，做了什么，她都要细加盘问。她还不容许扬和自己儿子单独见面，她觉得扬会勾引儿子，也怕儿子爱上扬。所以，这个房子只有他们两个，她拒绝着别人的打扰。她和他说着情话，谈着死亡，过着最单一的时光。

情感，常常在华丽的装饰中凸现着虚伪的奢华，而真正的生活必趋于渐渐的平淡。

永远的情人

"你说：'好好替我搓背。''我用勺子把剩下的汤给你。''我想睡在你身边，听你说话，听谁也听不到的东西，你说的这些话……你绝对是我最喜欢的人。'"扬每星期给玛格丽特洗一次澡，玛格丽特即便腿脚不利索，但毒舌依然没变，看着扬抱着自己快到浴缸的时候，玛格丽特会突然冒出一句："你是不是想把我杀死？你就是这样杀老妇人的。"

她不容扬的解释，一次次决绝地说着伤他的话，但是扬还是轻拭着她皮松皱黄的背……她没办法正视自己，她就骂着扬："杀人犯，我早知道我会被你杀死。"似乎摸清了她骂人的方式，扬没有跟她计较，静默

177

不语地给她洗着。

玛格丽特越来越无力，连看海都成奢望，迈不出一步，进食也很少。只有谩骂和写作的热情继续与她为伍，只有酒能缓解她的痛楚。玛格丽特的酒量一度跃到八升。她甚至对扬说："我已经到了该死的年龄，为什么还要延长生命呢？"她并不期冀生命的延长，她很明白生老病死的规则。

没有驾驶证的扬开车带着玛格丽特回到了诺弗勒。伤心痛苦的玛格丽特妥协了，决定叫出租车送她去医院。不知道医生说了什么，玛格丽特进去没多久就拼命地想出院，借口百出，一下说医院饭菜不好吃，一下又说护士都太笨拙。最后还是病痛的折磨令她屈服了，她又愿意待在病房里。医生下了通牒，决不能再喝酒，因为她的水肿和肝损坏已经十分危重。

玛格丽特开始进入半昏睡状态，时睡时醒，大脑也非常迟钝。

"玛格丽特摔倒在地，打碎了她从不离手的玉手镯，这手镯，她入院时，人们甚至无法把它从她手上取下来。那是她十五岁时，她母亲给她的，母亲对她说，假如手镯被打碎了，必须把它埋掉，否则戴它的人会死。"扬征得同意后，将四分五裂的碎手镯小心翼翼地埋下，他没有过多联想她母亲的话，但这碎裂的玉镯让他心有触动，总有一天，他也要见证一样的死亡，一样的埋葬。他越想越哭，他现在能做的，就是更倾心地照顾她，记录着她所剩的每分每秒。

"两天两夜，你大小便失禁。你说：'得买干净的床单。'"

"我洗了两件长睡衣，晾在浴缸上方。"

"人家给了你一件医院里穿的衫衣，那是一件背部开口的白色紧身衣。你说：'很漂亮，是上等棉制的。'"

扬记录着点点滴滴，一丝一毫都不想错过。虽然她的狂躁和疑心病不断，但是他不惧，他害怕的是错过，因为错过了，就不再相见。

她积极配合治疗，病情没有再恶化，而且渐渐有了好转。她又能走了，她开始唠叨。有天，她说："我醒来时，很想好好生活。"只有走过鬼门关的人，才能感知命数的起伏不定，虽然无法抗拒生老病死，但玛格丽特此刻想好好活着，因为她对这个鲜活的世界有了留恋。

之后，医生建议她出院，她又回到诺弗勒。回家第二天，她特地剪了头发，还给身边的人讲述那些幻觉中的动物和那穿透梦魇的魔鬼，大家虽然对这些虚幻很好奇，但扬没有，比起让人入迷的故事，他更担心她的状况。

有一天，玛格丽特踏着高跟鞋，穿着睡衣，拿着伞，对着迎面走来的扬说，她要杀死房间里的猫、狮子和河马。扬不忍心打破她的幻想，他陪着玛格丽特游走在房间里。她拿着雨伞四处敲击墙壁，"捕杀"这些虚幻的怪物，他也会被这样的举动惊骇。"我不知道你是否真的相信，不知道你是否在玩游戏，我知道你在讲述的愉悦里也掺杂着恐惧，我知道恐惧和传奇混在一起，我知道在你的脑子里，所有的东西都逻辑地混在一起，我知道你是唯一洞悉这一切的。"

那些令人难以忘怀的美好景致，可能也只是海市蜃楼的虚空一角。

迎面吹拂的海风，爱如潮涌的暖意，包裹着这个日渐油尽灯枯的女人，她在现实与虚幻中游走，她不迷失，因为路的尽头，依然有他默默地为她静待守候。他牵着玛格丽特，徜徉在塞纳河岸的路上，扶着她去参观了巴尔扎克的故居。

扬心情渐好，因为他眼见着玛格丽特日渐康复，她开始不需要依赖药物，开始提笔写作，甚至想把最近修改的《死亡的疾病》搬上银幕，她又恢复了以往的热情，包括日渐消逝的欲望。她带着扬全情投入在她的新戏剧作品《萨瓦纳海湾》中，在感动与被感动中，她在缔造杜拉斯的神话王国。她靠着那股热情，投入铸炼的熔炉，她要脱胎换骨。她珍惜生命，觉得明天将不复存在，亦同没有未来。她对扬说，我不再是我。她靠着那些强大的力量得以存在。

人只有在病中才能感受到孱弱，一旦渐好，恶心又会死灰复燃。玛格丽特决定在肉体死亡的前夕，完成几部作品，这样才是彻底谋杀自己。她从一丁点儿的掺酒巧克力到一小杯香槟，再到几杯葡萄酒，死灰复燃的不仅仅有写作的激情，还有她的酒瘾，她认为喝酒就是为了写作。那些劝诫的话语渐渐干涸，没有充沛的灵感之源，缩水的辞藻都落荒而逃。她承受不了无从下手的茫然失措，她害怕素材会弃她而去。她抗拒荒芜，她妥协于写作的欲望，她又开始沉浸在酒瘾中，无法自拔。但是她无与伦比地庆幸，因为她渐渐挽回了那些失而复得的记忆残片，比起生不如死，她更期望是在写作的谋杀中畅快而亡。

《情人杜拉斯》里，扬说："我们写到了那个年轻的女孩，戴着男帽，脚上穿着妓女常穿的那种嵌着箔片闪闪发光的鞋子。那就是您。您倚着舷墙，再过几秒钟他就要递烟给您了。而您呢，您说：'不，我不抽烟。'您看见了中国人手指上的戒指，戒指上的钻石，金钱、爱情和将来的故事。"

1984 年 6 月，玛格丽特把《情人》的手稿交给了子夜出版社出版。这部历时三个月完成的作品引起的轰动是她始料未及的。这本书起初并不叫《情人》，而是叫《贝蒂·费尔南德兹的故事》，而这个作品算是扬和玛格丽特共同所作，因为是玛格丽特口述，扬帮她记录。1984 年 9 月 4 日，《情人》出版后一度脱销，高居畅销榜的榜首，由于一人多买的状况频发，有的书店甚至采取限购的措施。新闻界褒贬不一的评论强势来袭，更是把《情人》推向了另一巅峰。世界各地的出版方都抢着要购买这本书的翻译版权，《新闻周刊》第一次用了整整一大版面，大篇幅地报道了杜拉斯的作品，甚至 1990 年这部《情人》还搬上了银幕，掀起了杜拉斯风潮。

这部作品的成功还远不止这一点，曾经把她作品《抵挡太平洋的堤坝》拒绝门外的龚古尔奖，突然抛来了橄榄枝，大家都觉得玛格丽特实至名归，可玛格丽特并没有多么喜悦，相反她觉得有些讽刺，但她也没有拒绝领奖。

1984 年 12 月 12 日，她的作品《情人》荣获龚古尔奖。面对获奖，她略显平淡，没有庆功宴，没有美酒佳肴，只是跟扬和朋友吃着熟肉酱饼就算庆功了。

《情人》是写给扬的，但玛格丽特并不喜欢别人用自传来定位她的作品，甚至一度想澄清这部作品只是个杜撰虚构。从获奖后，她就不再承认这部作品是自己的，但很多读者还是从这部作品认识了杜拉斯，爱上了这么与众不同的玛格丽特。

相处的五年里，他们有痛苦，有欢愉，有欲望，有嫉妒，甚至更多。她给扬写信："我要你写你不爱我了，在信尾署上你的名字，这是笔录。您写上：我不爱您。您写上日期，然后签上名。在信尾，您补充一句：我不能爱一个女人。"扬没有写上名字。草草几笔，虽然很容易写下，但在心里，就像利器，疼痛穿肉而过。

玛格丽特去世前，扬对她的朋友说："年龄的差异之所以使我为难，只因她将比我先死。我无法想象她会死，我仿佛觉得已跟她生活了好几个世纪，我无法想象末日。我和她一起，以永恒的方式生活。我喜欢想她。她太可爱了，我会产生拥抱她的念头。她呼唤暴力，逼我发火。他甚至想到玛格丽特笑着对他说：'是的，我是恶魔。'"

经过时间的磨合，他们渐渐适应了对方，彼此都习以为常。虽然酒精会催促她的死亡，但扬觉得酒精也是可爱的，它能让他们不会在乎爱的远近，他们彼此相惜。

《蓝眼睛黑头发》里写满了许多爱而不能的片段，不知道是什么刺激了他，那阵子疯狂叫嚣的不是玛格丽特，而是扬。他帮玛格丽特打字的时候不叫，一旦休息下来，他抓狂地叫着，他叫玛格丽特不要写，玛格丽特也怕刺激到扬，但扬最后还是会默默地把杂乱无章的断句拼接而成，直至出书。

玛格丽特是个很率性的人，她很坦荡，会直白地告诉别人，我就是很难相处，连自己的儿子都说我恶毒，那又怎么样。她觉得世间的男人都会喜欢她，因为她是个出名的作家。她曾经扬言说，如果我不是一个作家，会是个妓女。这种大胆不加掩饰的话，不是一般女子说得出来的。也正因为她的与众不同、果敢热辣，才会让人一见倾心。

扬是浪漫的，同样也是悲剧的。他经历着"君生我未生，我生君已老"的过程，人生最难过的不是遇不到爱的人，而是遇到了，她却两鬓斑白，不久于人世。她也知道自己气数已尽，肺气肿的病症愈加严重，呼吸急促和缺氧的现象频频发生。她想活着，拼命地与死神抗争。她决计，不到死的那一天，绝不停下她的笔。

她在一个本子上写道：

未来

男人，知识分子，生活的贫瘠

只有速冻食品

不再有房子

不再有咖啡

不再有管家，空间

女人 男人的未来

即便死亡临近，她的联想力依然没有枯竭。男人是她一生的源泉，她无法生存于没有男人的世界。

她再次陷入长久的昏迷，大家都以为她不行了，医生也建议摘除呼吸器，她的儿子乌塔不同意。他知道她的母亲很顽强，那个陪着他疯、陪着他笑的母亲不会这么轻易离他而去。他喝了很多酒，他在等待母亲的醒来。他无所适从地游荡在街上，他害怕自己孤身一人，除了等待，别无选择。第二天，他们摇醒了宿醉的乌塔，告诉他，您的母亲又活过来了。

每一次活过来，玛格丽特都觉得自己是新生。她不会停歇脚步，她只会加快那些未完的使命，她要把那些还未搬上银幕的戏剧作品尽快搬上去。她也会在夜间让扬带着她那一息尚存的躯体游荡在郊外。他们开着车，没有目的的前行。

她的前夫罗贝尔去世，她没去参加葬礼。玛格丽特是哀伤的，但她无从表达。她从未看过小哥哥的墓地，她没有祭拜过她父亲的坟茔。她说："不管是什么样的死亡都是死亡……任何人的死亡都是完全的死亡。"

死亡就是这样，来时悄无声息，走时天地恸哭，"嗟余只影系人间，如何同生不同死"，也不过如此。扬不敢想象迫近的死亡，他恐惧最后一天、最后一餐、最后一夜，他不敢想象。

玛格丽特是扬生命中的太阳，时而炽热，时而暖煦。扬的静谧、深沉，扬的仰望、膜拜、信仰，他的一切一切都是她的专属。所以，当太阳不再发光发热，他也将不复存在。

在最后的日子里，她并不孤独，她有扬，有迪奥尼斯，有她的儿子乌塔，还有两个看护。乌塔是个敏感的孩子，虽然他并不缺爱，但他从未在一个完整的家庭中长期生活过，他渴求过那种幸福，但没说。

她很纵容乌塔。在饭桌上，他们常常争执得面红耳赤。在特鲁维尔时，她嫌乌塔妨碍了她写作，乌塔却说："是你挤在这儿。你走开就是了，因为你不洗澡。"相对于其他的家庭，如果孩子顶撞，母亲一般会很生气，可玛格丽特是另类的，她居然很开心自己的儿子会顶撞她。她对身边的人说："乌塔真像我。我没养好儿子，我太惯他了，我太怕失去他了。从孩子出娘胎那一刻起，母亲就永远有了孩子。从浅薄、世俗的角度看，可以说生活从此就被搞糟了，但，这太好了……"

她从来不写乌塔，不是不写，是不敢写，因为这是她一生唯一忌讳的话题。他是她最成功的作品，不容一丝一毫的伤害。

在母亲弥留之际，乌塔完成了自己和母亲的心愿，他将父亲迪奥尼斯接到了诺弗勒，拍了照片。他们俩都垂垂老矣不复当年。迪奥尼斯看着这个曾经爱过的女人正在日渐落幕，不再喋喋不休，更不再央求他说爱她。他很后悔自己没有常来看她。

玛格丽特其实比任何人都在乎拥有和失去，因为失去了，就回不来了。即便再回来，时光却已经被窃走。

有人说，玛格丽特在 1996 年 3 月将要殁去的那刻，曾嚷嚷地叫着："我的母亲，我的母亲！"玛格丽特在死前叫嚷母亲的原因应该不是怨恨，而是爱的渴求。或许她在死前依稀看见其乐融融的餐桌上，一家人围坐一团，谈着她的作品，母亲在赞扬她，小哥哥宠溺地爱抚着她的发丝，一切都是那么美好，美好得不容打破。

她就这么走了。

玛格丽特殁了的那天，扬特地请了迪奥尼斯来给她合眼，她终于合上了她的人生剧本，终于能如愿地死在爱人们的身边，不留遗憾。扬是幸福的，因为在死前，玛格丽特还记挂着他，他是她人生尽头里最无法割舍的爱情。

她说："扬，我还在。我得走了。我不知道把自己放在哪里。"

玛格丽特留给扬的最后一句话是："我爱您。再见。"

"我站在您面前，等待着。您再也不说话了，眼睛不再看东西。我看着您的脸，不敢碰它。我不想碰到您冰冷的皮肤，我不能够。这是唯一的一次。我不能碰您……我看着您。我看着面前这张闭着眼睛的脸。她没有睡，然而，她死了，的确死了……"

再也不见了，她紧闭着嘴唇，合上了灵动的双眸，脸上妆容浅淡，像是安稳地睡着了，她不再发声。她穿着扬带来的墨绿色大衣，扬静静地望着她，看似很近很近的距离，却到了很远很远的世界。若人世间还能轮回一圈，那该多好。他愿是她笔下的杜撰，只愿存在她的字里行间，把一切荣辱和过往云烟都渐渐隐去。他不愿说再见。

因为他爱她，胜过爱世上的任何人。

1996 年 3 月 3 日，那个笔名以杜拉斯扬名的玛格丽特·多纳迪厄在圣伯努瓦街去世，享年八十二岁。

3 月 7 日，她的哀悼仪式在圣日耳曼教堂举行。她的书迷，她爱的人，都纷纷赶来送她一程。葬礼的司仪对扬说："先生，您可以在棺材里面放一件东西。这是习俗。您可以在他们完全把盖子封死之前放进去。"扬原想把《情人》这本书放进去与她同眠，但他什么也没做，那本小书放在大衣的口袋里，像她的叮咛，她的存在，陪伴着没有她的岁月。

她埋葬在蒙帕纳斯公墓中，她的墓前刻着"M·D 玛格丽特·杜拉斯 1914—1996"。

"1998 年 11 月 16 日，我回到了蒙帕纳斯公墓。我可以重新去那儿，看那块白色的墓石了。我可以重新读那个名、那个姓和那个日期了。我发觉那块白色的墓石旧了，颜色脏了，经历了不少风吹雨淋日晒。有人来献过花，都烂在那里了。墓石已经变旧，您在这儿，被封在那儿已经很久很久了。人们只能看见您的名字，您的身体正在消失，完全腐烂了。没有任何东西可看了。只有名字，其他什么都没有。"

没有玛格丽特的日子，扬成了行尸走肉，他拒绝见任何人，只愿躲在那幢空荡的住宅里，置身满是回忆的空茫中，错愕于虚幻的影子。一回首，惊觉枉然，只叹是天涯相思。他酗酒、啼哭、哀嚎、自杀……甚至浪迹。醉醒多少回，才能拒绝这无情的日月交叠。回眸了五百年的缘分，却在这残余的时光里耗尽着岁月的灯火。

三年后，他写了一本《情人杜拉斯》，纪念他们的感情。这个男人用深情的眉笔给她上妆，用思念的脂粉给她润色，他担忧她一个人在那里太孤单了，怕她就这么默默灰烬。她在那座小小的坟茔里，与风雨为伴，与燕儿呢喃。那里不用面对世事的纷扰，寂静地能听见笔墨的流淌。他带着她的影子漫步于人世间，年年依旧。那些无法奔逃的思念，细密地跳跃到字里行间，那些被借走的灵魂，如同锐利的刀刃，切割着丰沛的情怀，瘦骨嶙峋的皮肉都记挂着那份难舍的酸楚。

你说过："就是死了，我也还能写作。"所以，你活着，你活在千千万万的人的心里吧。你走得很安详，你用亡魂雕琢着那些还未来得及描摹的爱情。你的一句告别，让我多想成为你书页里的那片红枫，被你放置在案头也好，夹杂在你的故事里也好……

可惜，你不会有那抹心思。

你只会说，说爱我吧。你爱我吗？

请你原谅我，我爱你至死不渝。

深冬来了，这里一片白茫，想念起第一次看到《塔吉尼亚的小马》时的震撼，除了你，别人的书都无法入眼。这夜笔墨浓稠，你在哪里提笔呢？给你打下手，敲击着那些不被尘世所沾染，不被世人所荼毒的言语，你不再被诽谤，不再被人妒忌，不再被人诬陷。

你，又变得那么可爱而放纵。你那源源不断的热情，让天地都为之倾倒。浓浓的夜色，滚烫的酒壶，饮下夜色与酒，看见了你，又看不见你。

唯酒能与你相伴。他们说这是幽闭，这哪里是呢？

只是太想念你了。想你在身后搂着腰说："快，给我一点儿力量，亲亲我的脸。"多想亲亲你。

你说，许多人以为自己是在写作，但他们不是作家，他们的文学死了。一块裹尸布而已。在他们的眼里，有到处可见的那种刻薄。你爱过那么多的情人，把那些文字也如情人般对待。因为爱情，你喂养了故事，而爱情，又反过来滋润了你的文字。

对你而言，死亡是在世界的灰烬上永恒开着的花。

人如草木，荣枯有序，不像密封的酒酿，历久弥香。它只会在时光的摧毁下，重新滋生，像钻出地面的嫩芽，拼劲最后的余力。只是，再见，亦不是原来。

那抹永恒，历经绝望、光明、痛苦和重生。这散逸的年华里，你被光阴借去了躯壳，被岁月掩埋在那小小洞穴中。在这荒凉的路上，一步一步走着，来来回回无数。在找寻那抹永恒，那朵不凋零的死亡。

我多想为你写一封情书

用一张纸包裹思念

折叠在你梦的夏夜

盈盈的水波穿越天幕的距离

划下七色的宣言

余温，怀念，谎言

酸牙的字眼

抵不上有你的流年

没有你的诺弗勒，没有了以往的生机，这里乏善可陈。看见路边啼哭的婴孩，想到你说："这孩子，他就不知道等一等。"望着四周，对着晴空，想说，你这女人，你就不知道等一等。

你喜欢真实，一过了现在，人们就看不到真实了。没有了你，连真实都无法坦率在你的眼前。回想，那个美妙的午后，你笑容可掬地拿着小煎锅在烘焙咖啡，你做着拿手的越南菜，大大的眼睛看着周边的人，你在大笑，你在唱歌，你跳舞，弹钢琴，你凝视着水塘边上的扶风弱柳，那一刻沉静多变的你，真让人惊奇。

有些风景，放在眼前，并不觉得赏心悦目，而当你稍稍退后一步，你又发现它美丽异常，而真正的风景，不是退了一步近了一步的关系，而是它就在那里，不曾远去。

你总是不按章法做菜，你说一个人如果有天赋做某事，就有天赋做任何事，包括音乐、果酱、汤，还有你执著的写作。如果当初你不是选择写作，你可能只是历经爱情、历经婚姻，埋首于案间，成为洗手做羹汤的妇人。如果那样，也将不会与你相逢。很多人都说难以和你相处，他们友好而来，最后弃你而去。虽然不和，但是他们对你的才华还是给予了肯定。

会妒忌，会谩骂，你不是那种忍让的人。你被生活打压过，但从未退却热情。你是杜拉斯，一个人的杜拉斯，大众的杜拉斯。

你在文学和爱情上都递交了最好的作品，包括你的儿子，还有你的情人。

在灿烂中死去爱情，在灰烬里重生你我。

多想再遇见那个女孩。在永隆的余晖中，她踏沙而来，在夕阳的余晖中，她用足尖写着潮汐的名字。在风的叹息，浪的逐步下，撞上时光的情怀、诗意的热情……眼波流转，她不再叱咤风云，她是婀娜灵巧的姑娘，再次等待芬芳。

杜拉斯著作列表

小说《厚颜无耻的人》

    1943 年 / 布隆出版社，1992 年伽利玛出版社再版

小说《平静的生活》

    1944 年 / 伽利玛出版社

小说《抵挡太平洋的堤坝》

    1950 年 / 伽利玛出版社

小说《直布罗陀的水手》

    1952 年 / 伽利玛出版社

小说《塔吉尼亚的小马》

    1953 年 / 伽利玛出版社

短篇小说集《林中的日日夜夜》(附《蟒蛇》、《多丹太太》、《工地》)

    1954 年 / 伽利玛出版社

小说《街心花园》

　　1955 年 / 伽利玛出版社

小说《琴声如诉》

　　1958 年 / 子夜出版社

戏剧《塞纳 – 瓦兹的高架桥》

　　1959 年 / 伽利玛出版社

小说《夏夜十点半》

　　1960 年 / 伽利玛出版社

电影脚本《广岛之恋》

　　1960 年 / 伽利玛出版社

电影脚本《如此漫长的缺席》

　　1961 年 / 与热拉尔·雅尔罗合作，伽利玛出版社

短篇小说《昂代斯玛先生的午后》

　　1962 年 / 伽利玛出版社

小说《劳儿之劫》

　　1964 年 / 伽利玛出版社

戏剧《戏剧（一）》:《水和森林》、《广场》、《音乐（一）》

    1965 年 / 伽利玛出版社

小说《副领事》

    1965 年 / 伽利玛出版社

电影《音乐》

    1965 年 /1966 年 / 与保尔·瑟邦合作执导

小说《英国情人》

    1967 年 / 伽利玛出版社

戏剧《戏剧（二）》:《苏珊娜·安德莱尔》、《树上的岁月》、《是的，也许》、《沙伽王国》、《一个男人来看我》

    1968 年 / 伽利玛出版社

小说《毁灭吧，她说》

    1969 年 / 子夜出版社

电影《毁灭吧，她说》

    1970 年 / 伯努瓦·雅戈发行

电影《黄色太阳》

    1970 年 / 伽利玛出版社

小说《阿巴恩·沙巴纳和戴维》

　　1970 年 / 伽利玛出版社

小说《爱》

　　1971 年 / 伽利玛出版社

电影《娜塔丽·格朗热》(附《恒河女子》)

　　1972 年 / 伽利玛出版社

戏剧电影《印度之歌》

　　1973 年 / 伽利玛出版社

电影《恒河女子》

　　1973 年 / 伯努瓦·雅戈发行

电影《娜塔丽·格朗热》

　　1973 年 / 伽利玛出版社

与克萨维耶尔·高提埃的对谈《谈话者》

　　1974 年 / 子夜出版社

电影《巴克斯泰尔，蕨拉·巴克斯泰尔》

　　1976 年 / 伽利玛

电影《加尔各答的荒漠里她的名字叫威尼斯》

　　1976 年 / 伯努瓦·雅戈发行

电影《树上的岁月》

　　1976 年 / 伯努瓦·雅戈发行

电影《卡车》

　　1977 年 / 子夜出版社

（附《和米歇尔·波尔特的对谈》）

　　1977 年 / 剧本子夜出版社

与米歇尔·波尔特合作《玛格丽特·杜拉斯的领地》

　　1977 年 / 子夜出版社

戏剧《伊甸影院》

　　1977 年 / 法兰西信使出版社

电影《黑夜号轮船》（附《塞扎蕾》、《否决之手》、《奥蕾莉娅·斯坦纳》）

　　1978 年 / 法兰西信使出版社

电影《塞扎蕾》

　　1979 年 / 法兰西信使出版社

电影《墨尔本奥蕾里娅·斯坦纳》

　　1979 年 / 法兰西信使出版社

电影《温哥华奥蕾里娅·斯坦纳》

　　1979 年 / 法兰西信使出版社

小说《薇拉·巴克斯泰尔或大西洋海滩》

　　1980 年 / 信天翁出版社

短篇小说《坐在走廊上的男人》

　　1980 年 / 子夜出版社

《80 年夏》(为《解放报》撰稿)

　　1980 年 / 子夜出版社

《绿眼睛黑头发》电影手册，312——313 号

　　1980 年 /1987 年新版

小说《阿嘉塔》

　　1981 年 / 子夜出版社

电影《阿伽达或无限阅读》

　　1981 年

辑录《外面的世界 I》

　　1981 年 / 阿尔班・米歇尔出版社

录音磁带《年轻姑娘和小孩》

　　1981 年 / 扬・安德烈亚根据《80 年夏》改编，玛格丽特・杜拉斯朗读

电影《大西洋人》

　　1981 年

电影《罗马对话》

　　1982 年

短篇小说《大西洋人》

　　1982 年 / 子夜出版社

戏剧《萨瓦纳海湾》

　　1982 年 / 第一版子夜出版社，1983 年增补版伽利玛出版社

短篇小说《死亡的疾病》

　　1982 年 / 伽利玛出版社

戏剧《戏剧（三）》:《丛林野兽》，根据亨利・詹姆斯小说改编，詹姆斯・洛德和杜拉斯合作改编;《阿斯珀恩文件》，根据亨利・詹姆斯

小说改编，杜拉斯和罗贝尔·昂泰尔姆合作改编;《死亡的舞蹈》，根据奥古斯特·斯特林堡的小说改编，杜拉斯改编。

1984 年 / 伽利玛出版社

小说《情人》

1984 年 / 子夜出版社

小说《痛苦》

1985 年 /P·O·L 出版社

戏剧《音乐（二）》

1985 年伽利玛出版社

戏剧《契诃夫的海鸥》

1985 年伽利玛出版社

电影《孩子们》

1985 年 / 与让·马斯科洛和让·马克·图里纳合作制片

小说《蓝眼睛黑头发》

1986 年 / 子夜出版社

戏剧《诺曼底海岸的妓女》

1986 年 / 子夜出版社

《物质生活》（随笔辑录）

　　1987 年 /P·O·L 出版社

小说《埃米莉·L.》

　　1987 年 / 子夜出版社

小说《夏雨》

　　1990 年 /P·O·L 出版社

小说《来自中国北方的情人》

　　1991 年 / 子夜出版社

戏剧《英国情人》（戏剧版）

　　1991 年 / 伽利玛出版社"想象丛书"265 号。

戏剧《扬·安德烈亚·斯坦纳》

　　1992 年 /P·O·L 出版社

戏剧《写作》

　　1993 年 / 伽利玛出版社

《外面的世界 II》（由克里斯蒂安娜·布洛—拉巴雷尔辑录并作序）

　　1993 年 /P·O·L 出版社

小说《这就是一切》

　　1993 年 /P·O·L 出版社

《写作的海》

　　1996 年 /（埃莱娜·邦贝尔吉的摄影作品）

戏剧《一切结束》

　　1995 年 /P·O·L 出版社

《小说、电影、戏剧，1943 年—1993 年回顾》

　　1997 年 / 伽利玛出版社

《电视访谈录》（和皮埃尔·杜马耶的对谈）

　　1999 年 /EPEL 出版社

《词语的颜色》（和多米尼克·诺盖的对谈）

　　2001 年 / 贝诺瓦·雅各布出版社。